# 心智圖
# 閱讀術

胡雅茹◎著

晨星出版

# 前言

## 這是個科技時代，「心智圖閱讀術」能幫到我什麼？

**一治不專心**
**二治沒邏輯**
**三來補腦力**

教授心智圖、速讀、快速記憶等腦力開發相關課程十幾年時間了，但至今，我還是常聽到人家問我兩件事情：

「我可以看電視、用電腦、玩手機、玩平板……玩好幾個鐘頭，但是只要拿起書來，看沒幾分鐘就看不下去了！」

「我是一個缺乏邏輯思考的人，老師之前寫的書介紹並說明了什麼是心智圖，但實際運用在工作中的實例卻不多，沒有好懂的實例教學，我依然不知道怎麼畫心智圖。」

這兩段話點出兩個大問題：

1. 現代人，其實從來沒有專心過。
2. 總是期望有捷徑或是標準規範，很少練習、很少動腦，所以思路不清、邏輯欠佳。

大家思考看看：不專心，怎麼能從眾多的資訊中「抓得到重點、學得到知識和智慧」呢？不練習、不動腦，怎麼可能「增進腦力、提升邏輯思考力」呢？

## 從「閱讀」開始，練習專注力

網路、電腦、智慧型手機的使用方式，讓我們容易誤以為自己有能力「一心多用」，實際上，我們只是在不同的工作之間能夠快速切換，並不

2

是真的一心多用、每樣都能做得很好。

這種情況的副作用是：「養成連續式的局部注意力」，也就是「注意力的時間愈來愈短暫」，造成閱讀書本時，無法長時間專注，看沒幾行字就腦袋放空。撇除醫生確診的過動症者，這種現象在幼稚園就開始使用電腦或是每天長時間使用電腦的人身上最為明顯。

讀書讀不下、長篇論談聽不完、抓不到重點的現代人，應該從頭開始，回到最基本的「閱讀方式」，重新培養自己將書本讀完的專注力。

## 「繪製心智圖（Mind Map）」，
## 幫助抓重點、建立邏輯思考力、加強記憶力、訓練腦力

閱讀是將資訊讀進腦子裡，就是「輸入」；說話、寫筆記、繪製心智圖、考試是將理解的資訊透過各種方式表達出來，就是「輸出」。

如果光看書卻不整理，就是只有輸入卻不輸出，這是理解效果比較差的方式。成人雖然不考試，但可以利用聊天、寫筆記、繪製心智圖的方式來輸出，訓練記憶力和腦力。當你能用自己的方式表達出書中或對談中的關鍵和重要概念，還能讓他人明白，這就表示你真的理解內容、腦力有所提升進步了。

繪製心智圖是循序漸進的思考技術，從「閱讀」開始，抓到重點、理解重點關鍵字之間的邏輯關係、再將之圖解繪製成心智圖，最終，透過複習自己繪製的心智圖，加強知識的吸收和記憶。因此，「繪製心智圖」的過程就是建立邏輯思考力、加強記憶力、訓練腦力的絕佳方法。

## 透過本書的「心智圖閱讀術」，你將學會哪些心智圖思考技術

依據溝通對象，心智圖可分為「給自己看的心智圖」或「給別人看的心智圖」；依據使用目的性，可分為「整理型心智圖」與「創造型心智

圖」；依據資料來源的取得方式，可分為「溝通型心智圖」與「提示型心智圖」。

　　常見的心智圖四大類型：

1. 整理型心智圖：**從有到有**。用於提示用筆記、心得筆記、行事曆規劃、聽講筆記。
2. 創造型心智圖：**從無到有**。用於腦力激盪、企劃規劃、目標設定。
3. 溝通型心智圖：**從無到無**。用於自我介紹、會議紀錄、會議討論。
4. 提示型心智圖：**從有到無**。用於演講題綱、作文提綱。

　　本書《心智圖閱讀術》，是結合閱讀的心智圖思考技術，因此著重在「從有到有：整理型心智圖」的學習。這個學習是最基本的，閱讀，不只是閱讀實體的書本才叫閱讀，看一部電影、開一場會議、跟客戶會談一個鐘頭，這些眾多資訊的吸收，都能廣義地稱為「資訊的閱讀和輸入」，「心智圖閱讀術」就是為了應用在這些範圍，幫助我們在生活中進行重點整理、建立關鍵字邏輯、歸納並加強記憶而存在的技術。

## 閱讀實例教學，簡易公式，快速學會心智圖

　　學習心智圖，未來的你將經歷這三個階段：

　　初學心智圖時，會想要製作出心智圖的「運用公式」。或多或少，我們都具有「工程師腦袋」，最喜歡把事情 SOP（標準作業流程）化、或是模組化，直接套用就好了。想用管理生產線的方式來管理腦中思想，是在「見山是山」的階段，屬於工匠階段，技術好，但缺少個人的生命力。

　　之後將進入「見山不是山」的階段。心智圖呈現極為精簡，能看著少量文字，卻講出一長篇內容，或用最簡單的圖示，把各種邏輯關係表達清楚。若是畫家，這個階段已自創畫法，若是習武之人，這個階段已創新武功。「見山不是山」是工藝家階段，作品融合技術與創意，展現出個人的絕妙巧思。

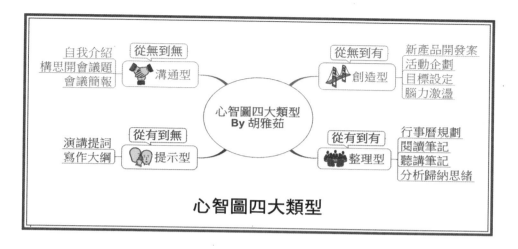

**心智圖四大類型**

　　最後進入「見山又是山」的階段。同樣的題材內容，能依據溝通對象、使用目的性、資料來源的取得方式，畫出不一樣的心智圖。這是個能自由掌握、理解他人所需，並適時展現個人技能的階段。

　　從事心智圖教學超過十五年以上的時間，讓我知道，心智圖初學者或學了很久還是畫不好的學習者，想要改善「不專心」、「沒邏輯」的問題，並讓心智圖思考技術能照階段逐漸進步，還是要從「實例解說」下手教起。在英國社會裡，「Try & Error（嘗試錯誤）」的觀念已經存在數十年了，但在台灣的家庭、學校、社會教育的環境中，仍然常有人期望能有捷徑或是標準規範來照抄就好，或希望有一種聰明藥，或能被仙女棒一點，馬上從二十分，跳到一百分的程度，總是想著一次就能做好。

　　我想，身為台灣的心智圖教學者，就要發揮自己的技能，找到符合需求、適合台灣的學習方法，讓台灣的心智圖學習者，能學到最適合自己的問題解決法。

　　所以，我決定動手撰寫心智圖的公式書，教大家如何「透過實際範例理解心智圖的運用方法」，讓大家能輕鬆理解，快速學會並順暢運用。

　　感謝向我提出問題的朋友們，因為這些相遇的緣分，讓我開始了這本書的撰寫，本書的讀者，你有福了！

# 目錄

## 第 1 章 心智圖閱讀術的基礎

## 第 2 章 心智圖閱讀術的應用

# 第1章

## 心智圖閱讀術的基礎

# 【基本概念】
## 心智圖閱讀術是什麼？

### 「心智圖」就像電腦一般，可以用在生活與工作上的任何事務

一般人不是很能理解電腦的功能有多強大，多數只知道上網、網路電話、資訊傳輸、打字排版、存檔、發信等。

如果你要打字排版，我會建議你使用 Word；如果你要修飾照片，我就建議你用 Photoshop；如果你要製作表格，我會根據表格的複雜程度來建議你使用電腦的 Word 或是 Excel，因為有些表格用 Word 就能簡單解決，但若牽涉到數字計算部分，當然是使用 Excel 比較好囉。所以，買一台電腦，再搭配上一些應用軟體，就能輕鬆達成高效率的生活。

同樣的道理，學了心智圖的基本原則，就像只知道電腦的開機與關機，還是不太知道怎樣正確選擇適合的電腦軟體來解決問題。我就像身兼電腦銷售者與電腦老師一樣，既教新的思維模式還要教如何運用在各種事務上的訣竅。

於是，能用在多種用途的**心智圖，如何運用在閱讀層面（各種資訊的閱讀和輸入）**，就是本書的教學重點。

### 「閱讀」的最終目的是，將知識運用在自己身上，使生活變更好

閱讀是輸入，表達是輸出，有時以為看過就算是懂了書中的內容，實際上卻是一種假懂的狀態，因為只是了解文字表面的意思，所以在講述心得的時候，只會在腦中不斷地搜尋書中作者所用的文字，卻沒有辦法抓出幾項大重點，或無法用自己的文字語言、自己的描述方式，把重點說出來。很多人說自己看過書後都忘了，但是別人一講就想起來，這種情況多是因為，不懂得從閱讀中抓出作者所要表達的重點所導致的結果。

第四層次　如何運用
　　　　　在自己身上

第三層次　1. 了解隱含的意義
　　　　　2. 與自己的關係

第二層次　掌握重點間彼此的邏輯關係

第一層次　掌握關鍵要素：5W2H

**閱讀理解力的四個層次**

　　閱讀不是要讓我們認識字、懂得字義而已。很多人對閱讀的程度只停留在學校考試的階段，誤以為把文章內容背下來，懂得引用作者寫的內容，就算是閱讀。掌握文章涵義，才算閱讀到精髓。

　　實際上，**閱讀是要讓我們了解作者的想法，並把作者的想法跟自身的生活經驗結合在一起，然後在自己的生活中去實踐或是運用。**

　　我們來看閱讀理解力的金字塔圖形，閱讀理解力共有四種層次：

1. 掌握關鍵要素：5W2H（Who、What、When、Where、Why、How、How many、How much），「人、事、時、地、物、因、果、成本」。

2. 掌握重點間彼此的邏輯關係。

3. 了解隱含的意義、了解閱讀內容與自己的關係。

4. 如何運用在自己身上。

　　學校考試通常考的是第一、第二層次，透過閱讀技巧，分析出「作者講什麼？怎麼講？」

第三、第四層次的閱讀理解能力，牽涉到自己的背景知識有多少，因此，透過閱讀後的分享，參加一個大家水準都差不多，整體水準又比你好一點的讀書會將很有幫助，大家共同進行「批判性思考」，可以刺激彼此思考的深度。想要達到將閱讀理解力運用在自己身上的第四層次，基本上還是要靠自己摸索，透過自身的背景知識，把作者的文字，用各種不同角度，分析、解構、再組合，並找出運用在生活中的方式。

## 「心智圖閱讀術」是「用心智圖抓到重點及邏輯」的思考技術

每個人繪製的心智圖，都是獨一無二，只屬於自己的心智圖，「閱讀目的、閱讀對象、背景知識、邏輯架構」略有不同，就會影響心智圖的模樣。但是，記住一點，只要能讓自己運用得當，就是好的心智圖。

學習心智圖閱讀術，將心智圖運用到閱讀層面，能增進以下五種閱讀能力：

1. **檢索**：閱讀時，擁有用正確關鍵字搜尋重點進行閱讀的**尋讀**能力、儘管快速瀏覽也能找出正確關鍵字的**抓重點**能力。

2. **刪選**：時間緊迫需快速吸收時，擁有**略讀、跳讀**的能力；有時間慢慢吸收思考時，也有耐心和理解力去**精讀**書籍。

3. **排序**：有很多書籍需要閱讀的時候，能依據閱讀目的來挑選書籍與決定書籍的閱讀次序。

4. **分析**：透過閱讀，擁有分析力，能進行批判性思考（能批評挑出內容的不足之處，給予具體可行的建議，判斷出內容的可取之處）。

5. **創新**：透過閱讀，能夠創造出新的知識，進一步有能力指導教導他人知識和技巧。

閱讀本書後，希望各位讀者都能透過心智圖閱讀術，建立起五大閱讀能力，都能抓對重點、建立邏輯思考力、加強記憶力及腦力，並能將思考技術運用在生活上，產生實質的幫助。

## 心智圖不會一模一樣

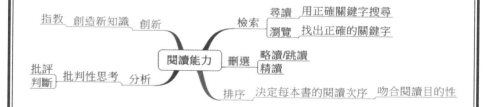

## 透過心智圖閱讀術，建立五種閱讀能力

# 【基本能力】

## 畫好心智圖，首要得學會「文字化、圖解化」

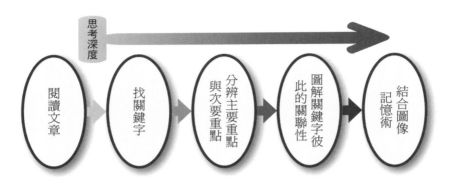

思考深度

閱讀文章 → 找關鍵字 → 分辨主要重點與次要重點 → 圖解關鍵字彼此的關聯性 → 結合圖像記憶術

### 閱讀的五個步驟

閱讀書籍時，有五個步驟：「閱讀文章、找關鍵字、分辨主要重點與次要重點、圖解關鍵字彼此的關聯性、結合圖像記憶術」。將心智圖運用在閱讀上，則主要是五個步驟中的第四和第五步驟：「圖解關鍵字彼此的關聯性、結合圖像記憶術」。心智圖繪製可分為以下四種類型：「基本文字型心智圖、插圖型心智圖、圖解型心智圖、圖像記憶型心智圖」。

1. **基本文字型心智圖：由文字關鍵字構成的心智圖。**透過線條把關鍵字連結起來，整個畫面本身就是圖像。線條是用來表示各關鍵字詞彼此間的邏輯關係，所以，常用手繪心智圖可以增強理解記憶的能力。

2. **插圖型心智圖：畫出人、事、物真實的樣子，這類心智圖裡的插圖多數人都能共通理解。**以圖像等級來說，這是幼稚園等級的轉圖像能力，因為我們在幼稚園的時候就有這種能力了。例如：「音樂，就畫個音符。」因圖像比文字還容易記得久、記得牢，而有插圖的心智圖看起來也比較有趣。但心智圖初學者很容易因為畫出來的「插圖見不得人」，而拒絕畫插圖，這是很可惜的，因為**圖像記憶能力必須透過不斷地畫，才能逐漸熟練成精。**

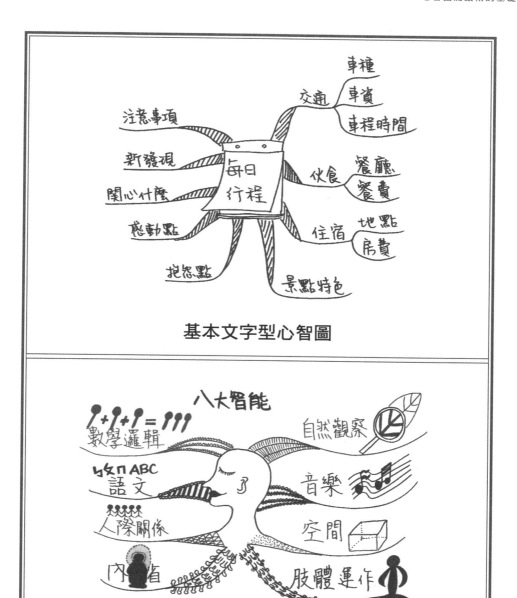

**基本文字型心智圖**

**插圖型心智圖**

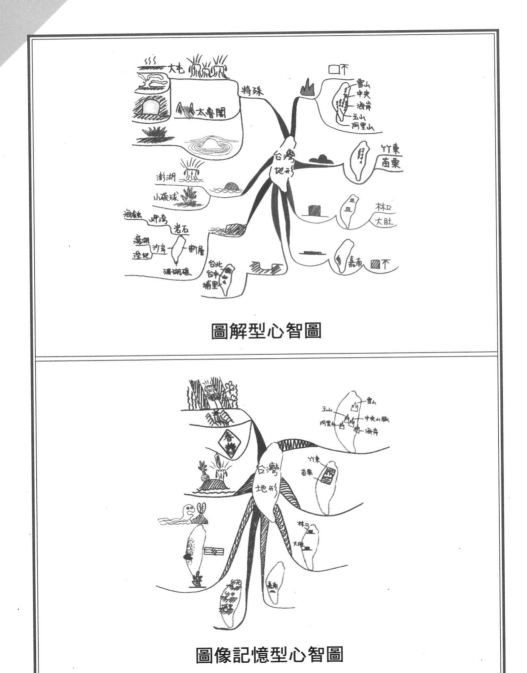

圖解型心智圖

圖像記憶型心智圖

3. **圖解型心智圖**：包括文字、插圖、表格，由關鍵圖構成的心智圖。大約十歲後，我們的大腦已經開始發展圖解的能力，大腦的能力是用進廢退的，儘量多畫，可更精煉。建議大家可以多參考一些統計圖表，因為圖表就是圖解文字後的結果。

4. **圖像記憶型心智圖**：**將每一條脈的關鍵圖結合成一個有前因後果及關聯性的記憶圖像，兼具圖像及整理記憶的心智圖**。記憶分成理解記憶與圖像記憶兩個階段。理解記憶就是我懂了，自然就可以記得久，不用特意去背誦。基本文字型心智圖本身的圖像化效果能幫助我們理解並初步記憶下來，但還不足以讓我們記得久、記得牢，必須結合圖像記憶才能達成此效。

這四種心智圖，正代表著**繪製心智圖的學習重點：從「文字化」到「圖解化」**。

畫出正確的「基本文字型心智圖」是基礎能力，達到的程度是閱讀理解力的第一層次「掌握關鍵要素」、及第二層次「掌握重點間彼此的邏輯關係」。

「插圖型心智圖」則是文字化到圖解化的過渡期，開始訓練並引導右腦的圖像化能力。當進展到能用各種不同的圖表、圖解來展現重點間的邏輯關係，並能繪製出「圖解型心智圖」和「圖像記憶型心智圖」時，就表示左腦的邏輯力與右腦的創意圖像力的同步程度提升，思考效率會愈高、記憶力也增強。

畫心智圖時，雖然說循序漸進，以畫出圖解型或圖像記憶型心智圖對加強記憶最有幫助，但如果真的遇到自己畫不出來的文字，還是寫字吧，畢竟，**畫心智圖是要寫出關鍵字詞、並正確表達關鍵字詞間的邏輯關係，畫圖像雖可提升記憶效果，但非畫心智圖的唯一重點**。圖像漂亮，關鍵字詞或邏輯卻錯誤，或是花費過多時間在畫圖上，心智圖就變得本末倒置且失去意義了。

# 【基本方法】
## 開始繪製心智圖

### 繪製心智圖的工具

1. 紙張：空白紙張一張。最建議 A4 大小，整理成筆記也很方便。
2. 筆：筆一支。若能有多種顏色的筆最好。

### 繪製心智圖的順序及原則

1. 紙張橫放。
2. 由中央「主題」開始畫：「主題」必須是涵蓋全文意義的文字或圖形，圖形最佳。
3. 呈現放射狀畫出分支，本書以常用且好閱讀的「順時針方向」繪製：主脈先順時針從右邊一點鐘方向畫起，主脈前後關聯的關鍵字或圖都往右邊延伸，紙張右邊都畫滿，畫到六點鐘方向之後，才開始畫左邊七點鐘方向的主脈，當然關鍵字或圖就往左邊延伸。
- 主脈由粗到細，線條連續不中斷。若用色筆畫，則一脈一色。
- 關鍵字或圖放在線條上方，字長＝線長，一個線段只放一個關鍵字或關鍵圖。
- 字，愈少愈好。
- 圖，愈多愈好。可以是插圖、圖解，或圖像記憶的圖，一張圖片勝過千言萬語，圖像比文字讓我們更記得久、記得牢。

### 繪製心智圖的注意事項

1. 最好用「手繪」繪製心智圖：

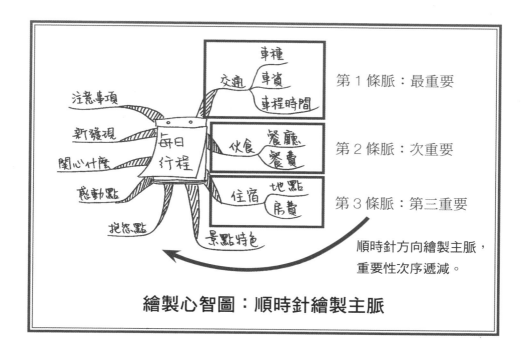

**繪製心智圖：順時針繪製主脈**

（圖中文字）

注意事項
新發現
關心什麼
感動點
抱怨點
景點特色

每日行程

交通　車種　車資　車程時間　　第 1 條脈：最重要

伙食　餐廳　餐費　　第 2 條脈：次重要

住宿　地點　房費　　第 3 條脈：第三重要

順時針方向繪製主脈，重要性次序遞減。

完成心智圖的過程，重點是「透過繪製過程訓練腦力」，而不是最後產出的畫面整不整齊、漂不漂亮。何況，你不一定隨時隨身都帶著電腦可以查閱之前畫的心智圖。最重要的是，繪製心智圖是為了「增進自己的記憶」，不是「增進別人的記憶」，以記憶效果來說：「手繪＞電腦軟體繪製」。

哈佛大學心理學者魏格那提出了「Google 效應」一詞，指的是「只要上網搜尋或儲存在電腦裡，幾秒鐘內就知道答案，但明明可以自己記得的事，偏不肯花腦力去記憶，會導致記憶功能衰退」，就像現在大家都用鍵盤打字，愈來愈多中文字都不會寫了，同時，記憶力也會愈來愈差。使用心智圖軟體繪製，訓練大腦的效果大大降低。　（手寫字）

2. 主要概念離主題愈近，次要概念離主題愈遠。

3. 意義涵蓋範圍愈大的關鍵字離主題愈近，愈瑣碎的細節離主題愈遠，因為後面的關鍵字是為了補充說明前面的關鍵字。

（手寫字）明明能自己的事不要依賴 GOOGLE

4. 一個線段上只能放一個關鍵字或關鍵圖，練習前後因果、邏輯關聯概念、及去蕪存菁的能力。

5. 心智圖的內容若有文字，請放關鍵字，而不是句子。

6. 中文一個文字就足以表示出一串意義，比英文更容易濃縮成關鍵字詞，關鍵字詞還是比較建議選用中文表示。

7. 以記憶效果來說：「關鍵圖＞關鍵字」。

8. 放射狀的排列方式，較易刺激水平思考能力。

9. 心智圖中，同脈的關鍵字之間是「前後關係」，表示絕對的因果關係或是絕對的順序關係（又稱垂直思考、邏輯思考、串聯關係）；不同脈的關鍵字則是「上下關係」，是水平思考（又稱並聯關係）。

10. 顏色可提升七十六％的記憶效果，手邊只有一個顏色的筆時，將每一條脈劃分清楚，不要過於靠近在一起；若方便能準備多種顏色的色筆時，務必用三種顏色以上的筆來繪製心智圖。

11. 為求清晰、好閱讀、好記憶，線條儘量同方向放射狀出去。所有主脈和支脈儘量別一會兒向左畫，一會兒向右畫。

12. 每一脈的線條可以設計不同的創意變化。版面會更漂亮、有趣。

13. 可固定一些代表性的符號意義，用來取代文字，能縮減文字量。但要注意以後會不會忘記或看不懂。

14. 字跡要工整，才會好讀、好記。

15. 若要畫給沒學過心智圖的人看，請用條列式排列（所有主脈和支脈都統一畫在右邊）比較好，對方比較容易知道該「從何下眼」看圖。

16. 錯誤的繪製過程：

（1） 所有的字都先寫好，像玩連連看一樣，再把所有的線都畫完：
　　　剛開始畫總是版面控制不好，若用此法，就難以訓練一次就畫出整齊版面的能力。內容如果多一點，很容易不小心就連錯關鍵字。

（2） 用鉛筆打草稿：
　　　這樣不太好，因為你得重複畫兩次才能完成一張心智圖，這種動作

20

LIST = 垂直思考

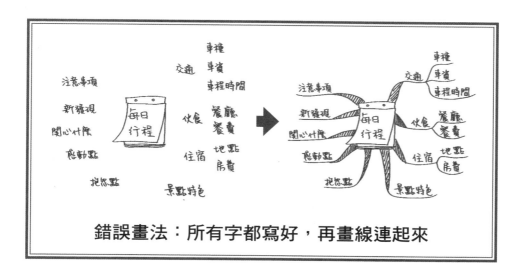

**錯誤畫法：所有字都寫好，再畫線連起來**

太浪費繪製時間了。其實初學者只要用色筆直接畫，大概畫個二十張左右，就能建立出一次就畫得很整齊的能力。

（3） **用單色原子筆寫字，用各種顏色的色筆畫線條：**（

畫心智圖時，若因為色筆太粗，必須用原子筆寫字時，儘量找顏色跟色筆一樣的原子筆來寫字，否則會看起來脈絡很明顯、文字存在感卻很淡薄，相形之下，就容易淡忘掉上面的文字。如果文字量再多一些，整個版面色塊會變得很雜亂，更不容易閱讀了。

（4） **用「人、事、時、地、物、因、果、成本」當主脈：**

如果你是文學的研究者——就像紅學（研究紅樓夢的學問）——想要就文章中的人、事、時、地、物、因、果、成本逐一分析，用5W2H來當主脈，這種作法是對的。除此之外，具備故事性質的文章類型**應該要用5W2H這幾種思考角度來「挑選重點」**，然後，用作者的描述次序或是事情演變的時間順序為主，把該事件內的各種人、事、時、地、物、因、果、成本都整理在一起，這樣才能看出作者的寫作結構（即思考結構）。正確的「5W2H抓重點」方法，可參考 P50～53。

# 【基本閱讀】
## 挑選閱讀書籍

### 第一步：確定閱讀目的

閱讀是要解決手上的問題？

好奇想知道還有什麼不同的新方法？

純屬個人對該主題好奇？

因為要做該主題的研究與報告？

只想看本書打發時間？

中小學生在校閱讀是為了快速認識世界各種名詞與專有名詞（稱為基本知識），基本知識是由編教科書的人決定的。這階段就像是學走路需要依賴大人牽著走，要有老師帶領引導討論，屬於「吸收大於運用」的階段。

大學生在校學習，閱讀是為了預先了解內容，才更能理解老師的講課；或是課後蒐集資料來補充老師上課未能說明清楚的部分；或是為了解決自己的問題而閱讀。這階段是屬於「為了運用而吸收」的階段，是為了累積某專業領域的背景知識。

若中小學時具備正確學習心態者，便能在校觀察出老師的閱讀技巧，進入大學後就能健步如飛地享受閱讀。若學習心態不良而養成依賴的習慣，等待別人整理好的筆記或閱讀心得，進入大學後影印同學整理好的筆記或是上網抄襲他人想法，看似讀過很多書，其實什麼也沒讀過，這些人仍處於「被動式吸收」階段。這種學習心態不正確的大學生，他們只知道「學習是為了考試」。

工作後是「為了解決生活問題而閱讀」，生活問題包括工作、情感、健康、財務等。只要「你覺得」某本書可以幫你解決問題或是能給你閱讀時的樂趣，不用管這本書是否為得獎作品或名人所著，你都可以去讀。

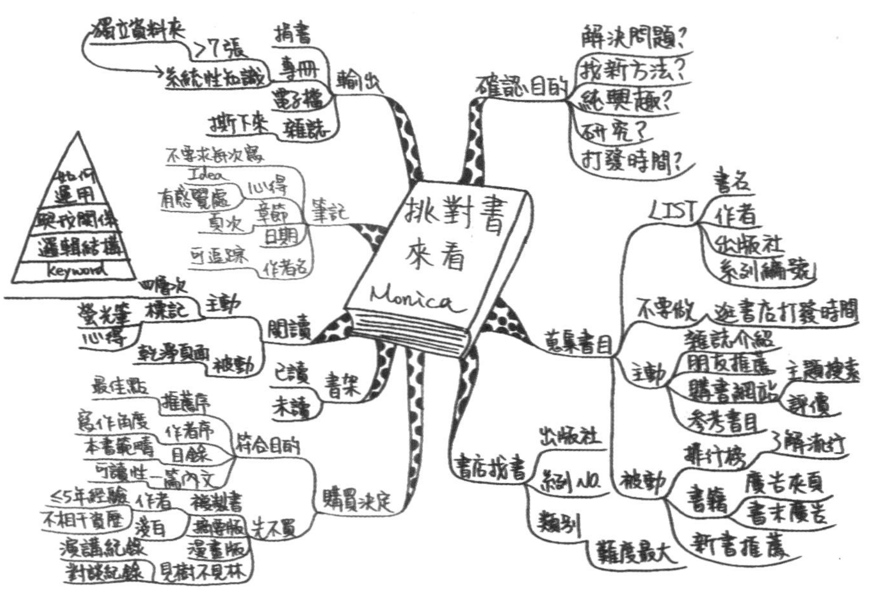

**如何有效率地挑對一本書？**

（從右上角開始，順時針方向閱讀）

## 第二步：蒐集書籍清單

1. 清單上要列出書籍全名、作者、出版社、系列叢書編號。若是系列叢書，某些書店會按照系列編號順序來擺放，知道系列編號的話找書比較快。至於出版年分就不一定需要了，因為有些書會再版、修訂版、增訂版，能看愈新的版本愈好，才不會看到過時的內容。

2. 我個人以前常到書店東翻翻、西翻翻，來打發時間，常會選到純屬好奇的書，翻翻看後也覺得沒有真的想看。這種挑書法太浪費時間了。

3. 現在平時就會蒐集一些書目，不管是朋友、網友推薦，或是雜誌推

薦，有興趣的書目就列下來，到書店時，直接問店員有沒有這些書。從書中的推薦及參考書目找書，也是一種很節省挑書時間的方法。

4. 書店排行榜的書，可以了解過去一個月大眾的喜好，不過你不一定要跟流行。如果該領域是你本來就有興趣的，你可以參考一下。若是本來就沒有興趣的領域，我勸你還是別浪費時間在趕流行上。

5. 有些出版社會將跟本書相關的書籍，做成夾頁廣告或是書本背後的新書推薦，參考這裡也能幫你節省時間。

## 第三步：到書店實際翻閱

每家書店的歸類方式都不一樣，有些是以出版社分類，有些是以書籍類別來區分，因為現在書籍走向愈來愈多元，故愈來愈難歸類，有些書店是依據版權頁所寫的項目來歸類，若手上有書目清單，我就會直接問櫃台有沒有這幾本書？書在哪裡？走到那架書櫃前，也順手翻翻同類型的書籍，比較一下。

## 第四步：決定要買哪幾本

我會依此順序翻閱本書，再決定要不要買回家看：

1. 作者的背景介紹，可以看出作者在這個領域有多專業。

根據我自己持續多年的觀察，若作者沒有在相關領域五年以上的實務經驗，或是作者本身的專業在 A 領域卻寫出 B 領域的書，大概有八成的內容是複製別人的觀念，並非作者自己實際體驗後的關鍵訣竅。這類的書籍，我個人稱之為「複製書」，通常文字用語相當平易近人、淺薄易懂。

我曾在某知名小說家的育兒新書中，發現他複製了我第一本書《超強學習力訓練法》的論點，只改寫了舉例部分。基本上我不會買這類的

書，因為我無法判斷作者寫的內容到底是第二手資料或是第十手資料，也無法判斷作者寫書時是否刪掉了什麼關鍵點。

2. 作者序有些會寫出本書的撰寫角度，可以看看是不是跟自己想要的角度一致。

3. 推薦序可看出推薦者個人的感動點，有時推薦者還會整理本書的重點摘要呢。

4. 目錄可表達本書的撰寫範疇，我會先挑一個最有興趣的章節，然後直接翻到該章節，看看作者的寫作筆法或是翻譯的文筆好不好。

5. 偶爾會有成人學生問我：「為什麼讀中文作者寫的書就還好，但讀翻譯書就很難閱讀？我是不是理解力有問題呢？」翻譯者必須外文好，中文也要好，才能翻譯得適得其所、恰到好處。

　　其實，有時我們讀不懂的原因是因為書籍翻譯得太差，沒有把外文的思考語法順利轉換成中文的思考語法。

　　若遇到翻譯不好的書，內容又是我過去沒有相關背景知識的領域，我會把該書列為第二選擇。先去看內容淺白易懂的「複製書」來建立足夠的背景知識，之後還是會再回去看那本書。這樣做的話，會比一開始就自己慢慢硬讀該書的作法更能節省時間。

　　像是二〇〇〇年出版的《富爸爸，窮爸爸》這本書，很多人讀完後還是不太懂其中的精神，故十四年來很多理財書籍跟保險直銷業者自己也出書談《富爸爸，窮爸爸》的觀念，但內容淺白多了。所以讀完這些「複製書」後再去看《富爸爸，窮爸爸》，就更能掌握其中精髓。

6. 我不太會買這兩類書籍：「摘要版」、「漫畫版」，因為多數只有特點與要項，缺少詳細的作者思考脈絡，容易產生深度不夠，變得「只知其然，不知其所以然」。

7. 我也很少買這類書籍：「演講紀錄」、「對談紀錄」，除非是哲學類書籍，否則容易「見樹不見林」。

## 第五步：放置家中書架上

　　家中的書架分成兩大類：已看過、未看過。有時買回家後隔一陣子才會打開書籍閱讀，為了快速尋找下一本未讀的書，我會集中放置，這樣可以縮短找尋書籍的時間。同時也時時提醒自己還有這些書沒有翻閱喔。

## 第六步：閱讀

　　看書時時不忘閱讀目的，用螢光筆或是彩色筆在書上標記重點。我以前喜歡保持書本潔白乾淨，後來發現自己變成了書奴，只顧著把書保持乾淨，而忘了書籍的價值在於內容，不在於紙張，書是拿來用的，不是拿來擺好看的。後來更發現適當地在書本上標記線條、記號，可幫助記憶。

　　小學剛學寫字時，老師要求我們口讀，是為了要我們記住字形與讀音的關係，也常要求我們反覆口讀與背誦。約在小學三年級時開始認識詞意與句意，默讀是為了要心無旁鶩地專注於文字。小學五年級後開始理解涵義，繼續使用低層次的反覆口讀與背誦就無法達到閱讀的效果──為了運用而吸收。

　　至於「熟讀唐詩三百首，不會作詩也會吟」。拚命叫學生口讀與背誦古典經文卻不講解內容意義，父母或老師只會說：「先背起來，等你以後就會懂了。」這方式對於培養理解力是毫無幫助的，產生了怪現象「讀經，卻不懂經文」。我曾對一個小時背誦大量經典古籍的老師做過實驗，長大後他理解古文的能力跟一般人沒有差異。我們不能藉此以偏概全，但或許可提醒大家死背經典古文對理解力的幫助有限。

　　光看卻不說，等於是光輸入卻不輸出，這也是理解效果比較差的方式。像學校考試是輸出，成人雖不考試，但可以利用寫筆記跟聊天的方式來輸出。能用自己的話語表達書中觀念，還可以說得讓他人明白，這就表示你真的理解了。

## 第七步：製作個人化筆記

我習慣用心智圖來製作閱讀筆記，這樣可以縮短日後翻閱查詢的時間。

1. 中心主題寫上書名、作者名、出版社，若是覺得作者很棒，我會持續追蹤作者的新著作。

2. 依據閱讀思考的四層次來決定要寫下的細節程度。分成「提示用筆記」跟「心得用筆記」。

讀完書整理完心智圖後，覺得本書很值得保存下來，我會畫「提示用筆記」心智圖，依照書籍一章節就是一條脈，把該章節的內容整理在每條脈絡之中。日後閱讀心智圖時，遇到想要再重溫書籍細節的時候，就很方便回頭尋找內容。在畫的時候，雖然有些內容早就知道了，但為了保持書籍的原汁原味與搜尋的方便性，我仍會畫進心智圖中。

整理完「提示用筆記」後，再根據自己的想法和邏輯，重新濃縮整理成「心得用筆記」，這張才是自己真實的收穫，把這兩張用訂書機裝訂一起保存。

如果覺得本書的細節不是很值得保存，只要保存書中觀念就好，我會只畫「心得用筆記」，整本書閱讀完成後，再根據標記的重點，加上個人想法，彙整在同一張「心得用筆記」的心智圖上。

## 第八步：輸出運用在生活中，處理書籍雜誌與筆記

愛書人最大的困擾就是書太多，書櫃放不下或是不知道該怎麼整理。別忘了放在書櫃的書只是擺著好看，卻沒有實際翻閱的話，這本書的價值就等於是零。超過一年，都沒有再翻閱第二次的書，表示在生活中的價值性已經降低，就大膽送給別人吧，別把自己的家當倉庫喔！

1. 既然已經把書籍重點都畫成心智圖了，該書就不一定要留存下來。我

會把不需要保存的書籍捐給台東或屏東山地部落圖書館，或是送給適合閱讀的朋友，讓書可繼續發揮價值，不要死在我家書櫃中。

2. 把心智圖集結成冊，但是千萬別一開始就買一堆檔案夾，試圖要把陸陸續續畫出的心智圖就檔案夾的分類去歸檔，最後你一定會發現某些檔案夾生意清淡，某些檔案夾卻生意多到要爆開來。

我建議你先不要分類，每隔一段時間再分類一次。某類別只要超過七張以上就獨立出來成一個檔案夾。這樣可建立起你自己特有的系統性知識。

3. 用同第 2 點的歸檔方式來整理電腦軟體畫的心智圖。

4. 若是雜誌的內容，我會撕下想要保留的部分，一個主題的頁數通常不多，直接寫在紙上標記重點就好，不要再畫成心智圖了，整理資料的方式跟第 2 點一樣。

# 第 2 章

心智圖
閱讀術
的應用

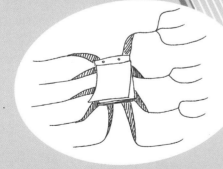

# 論點式文章

## Dr. 新谷醫師「腸活」瘦身法

### 【1】閱讀文章

**補充酵素、停止無所謂耗損，進行活性化瘦身法**

讀者現在應該可以充分了解，對於從腸子出發思考，而使腸相良好的新谷式瘦身法來說，「酵素」和具輔助作用的「輔助酵素」正是最重要的關鍵。

生食瘦身法之所以容易成功改善腸相，是因為食用富含酵素與輔助酵素的生鮮蔬菜與水果、魚類、肉類後，這些食物內的食物酵素即可促進消化，也能夠預防體內消化酵素的損耗。因此，節省下來的神奇酵素就可以再回流製成代謝酵素，並加速代謝的進行，身材自然就容易變苗條了。

相反地，當人們只攝取加熱調理製成的加工食品時，因為食物內並沒有食物酵素，所以就會消耗浪費體內的消化酵素。結果，神奇酵素就會優先作為消化酵素使用，體內的代謝酵素量就隨之減少了。這麼一來，代謝變得停滯緩慢，身體也就容易發胖。

事實上，那些號稱挑戰過各式各樣減肥方法卻怎麼也瘦不下來的人們，其實大多數都有代謝酵素不足的情況。

如果檢查非常肥胖的人的腹部脂肪，應該可以發現脂肪中的脂肪分解酵素等代謝酵素都處於不足的狀態。容易便祕的人也是因為體內的消化酵素不足，使得食物的消化與吸收都不夠順暢，才進而導致便祕。

如果只是攝取食用酵素不足的食物，身體就無法確實地消化吸收到必要的營養素，造成身體持續感到營養不足，進而不斷地想要再次進食。結果，就會陷入發生過食現象，繼而持續累積多餘熱量，導致身材變得容易發胖的惡性循環。

———《Dr. 新谷醫師「腸活」瘦身法》，P56、58
新谷弘實／著，晨星出版

# 【2】抓重點：文字化

這是一本從頭到尾都在告訴你怎麼做是對，怎麼做是錯的書。是一本論說式的書。

常有學生問我：「我這樣做能不能增加我對每一章節內容的理解呢？我可不可以先把一本書的目錄畫成心智圖，再把每一章節的內容另外獨立畫成心智圖？」如果你遇到的是像這本書一樣的論說式書籍，從頭到尾就在講一個主要觀念，然後舉很多的例子跟證據來證明這個觀念是對的，那麼**書中的目錄就已經整理得很好了**，你又何必浪費時間去畫一張跟目錄幾乎一樣的心智圖呢？這是多此一舉的動作，你**應該直接就繪製章節內容的心智圖就好**。

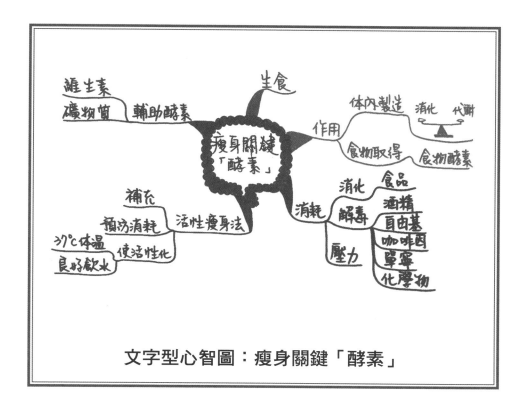

**文字型心智圖：瘦身關鍵「酵素」**

另外，一個章節有時可分成十幾種方法，很多學生會產生第二個疑惑：「這麼多的內容怎麼擠進一張心智圖中？或是一定要一個章節畫成一張心智圖嗎？」

我在《心智圖超簡單》一書中提過，要以文章的內容多少跟我們手上紙張的大小，來決定到底要把多少內容擠進一張心智圖中（變化的手法請見《心智圖超簡單》P72、88、89）。

上頁的文字型心智圖，是從原書第二章的內容中整理出來的（原書第二章共十九頁，因篇幅關係，本單元閱讀文章只摘錄了其中兩頁的內容），這張心智圖的重點是：「以腸道為出發點的新谷式瘦身法，關鍵就在於酵素」。閱讀此類書籍的目的是要拿這個論點來落實在生活中的，我們只要知道這個結論跟原因，至於說明過程只要理解就好，不需要置於心智圖上。

## 【3】心智圖閱讀術：圖解化加強記憶

遇到類似數字或比例的描述文字，用「數學數線」的方式來呈現是最簡單的。

步驟與流程類的素材用「箭線圖」來表示最簡單。箭線圖可將各個步驟間的主從關係表達完整，適用於大型、多人數的專案管理。

下頁上方的圖解型心智圖，是本單元閱讀內容的整理。當原書已經圖解得很完整的時候，我們可以直接把整個圖解的圖放進心智圖中；若書中原本沒有圖表解說，就自己練習將文字轉化成圖解，這樣心智圖的內容會很簡潔易懂。

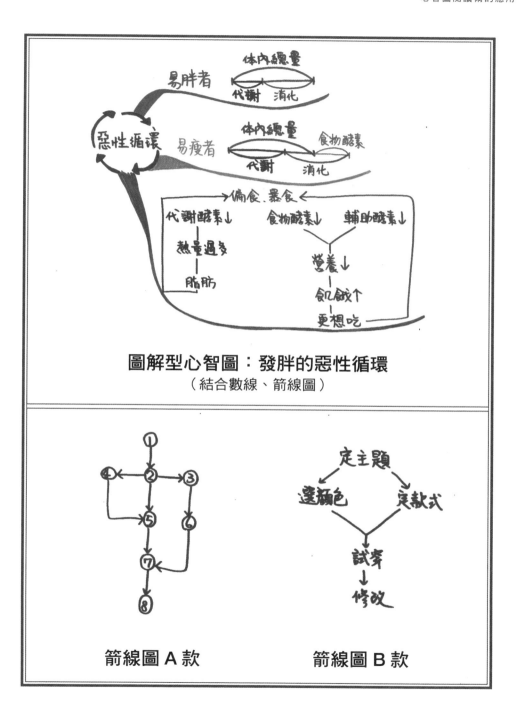

圖解型心智圖：發胖的惡性循環
（結合數線、箭線圖）

箭線圖 A 款　　　　箭線圖 B 款

# 2 論點式文章
## 一輩子受用的杜拉克行銷思考法

## 【1】閱讀文章

### 「問題解決」與「課題解決」不一樣

有一種概念叫限制理論（Theory Of Constraints, TOC），這理論主張，如果把企業活動中最脆弱的部分（限制條件）予以補強，企業整體的能力就會提升。事實上，不少公司運用了這套理論後，確實成功將業務成果改善到前所未有的境界。

可是，杜拉克卻認為，「就算解決問題，也只是得到原本就能夠得到的東西而已。」

補強限制條件能否引發成長？答案是不能。或許能夠達到現有商業模式下的最高水準，但也僅限於那個範圍內而已。

如果能夠藉此進入新階段，那麼就不是問題解決（因應負面因素）了，而是課題解決（因應正面因素）了吧。

眼前發生問題，就要立即應變解決它。只是，同樣的問題會一而再、再而三發生，因此光是處理問題，並不算真正解決它。相對地，對於機會的因應就算延後，也不會馬上影響到業務，因此很容易被忽視。

### 要想有飛躍性的成果，少不了要「開拓機會」

要想找到機會，就要像解決問題一樣，集合優秀人才埋首發掘它。

問題就算解決，頂多只能達到現有範圍內的最高水準，並不保證目前的商業模式能夠永遠產生利潤。

既然這樣，我們應該致力研究的，是能夠根除問題的方法。也就是說，發掘的機會，必須能夠讓公司從現有的商業模式移往新商業模式。

雖然目前的企業經營環境嚴峻，還是有企業的業績能夠持續成長。這些企業的共通點是，他們不斷因應顧客需求、發掘新需求，視之為商機，而予以事業化、商品化。

花費在問題上的精力（人力、物力、財力、時間）應該控制在最小限度；相對地，投入機會的精力，就必須足夠。請先記住，「解決問題固然能夠回復原貌，機會卻存在著飛躍的可能性」。

———— 《一輩子受用的杜拉克行銷思考法》，P57 ～ 58
藤屋伸二／著，晨星出版

## 【2】抓重點：文字化

　　這一類企管書籍，就如同論說文一樣，闡述某項觀念或論點，我們需將焦點放在**專有名詞**與**定義**上，還有新論點與其它論點之間的**相同點**與**相異點**。

　　這篇內容一開始就指出「問題解決」和「課題解決」不一樣，閱讀時要留意哪裡不一樣？作者訴求的是哪一個？兩者的優劣在哪裡？

　　這篇文章中，第一段講述**限制理論**是什麼；第二段是彼得‧杜拉克的想法；第三段承接第二段，講述運用限制理論的結果；第四段指出該由**課題解決**上場了；第五段講述**問題解決**的極限；第六段到第七段再詳細一點說明問題解決的極限；第八段則再度指出**課題解決**的方法；第九段指出能**持續成長企業的作法**；第十段建議問題解決與課題解決時，應該投入的精力與解決後的結果。

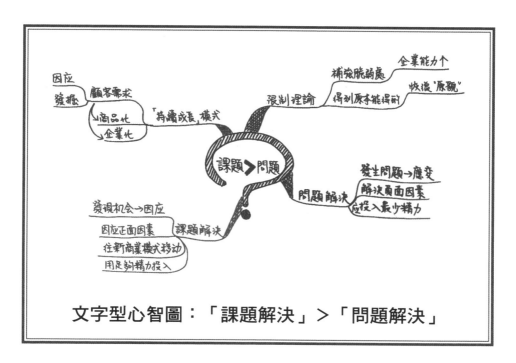

文字型心智圖：「課題解決」＞「問題解決」

## 【3】心智圖閱讀術：圖解化加強記憶

　　運用分析與歸納的能力，比較「問題解決」和「課題解決」兩者之間關係後，要找出作者用來做比較的基礎點（比較的標準）在哪裡，將基礎點列在表格的左方。**「表格」本身就是一種圖解**，這種表格圖解能力應該是進入國中之後就開始發展的能力，不難，只是我們是不是常用這種方式思考，愈常使用表格圖解的人，愈快將一大串的文字轉換成簡單的表格。

　　要特別留意的是，表格內的文字請儘量濃縮成「關鍵詞」，不用填入整個句子。將句子化繁為簡成「一個字」或是「一個詞」，這是培養抓重點能力的第一步。

　　說真的，當我遇到雙值分析的表格時，我會分別以優缺點兩種角度來分析，詳列出該選項有幾點優點、幾點缺點，我認為雙值分析表格比文字型心智圖還更清楚，心智圖的包容性很強，所以我們可以把表格也融入其中。建議國中以上年齡的讀者，一定要常鍛鍊這種表格圖解方式的心智圖，這樣可讓整個畫面看起來更為精簡。

　　如果你所閱讀的書籍本身已經有幫助理解的表格，若覺得這個表格很不錯，也可以直接納入或是剪貼到你的心智圖中，這樣以後你就不需要回頭重新翻閱該本書籍，直接閱讀這張心智圖就好了，大量省卻日後複習與翻找資料的時間。

　　**金融業、會計類、統計類書籍**常有這類的表格，你可以直接引用，並不需要再做變動。想了解更多種類的表格，可以參考這本書：《如何下決定：史上最簡單的問題解決手冊　讓任何人不再難以下決定》（麥克・克羅格魯斯、羅曼・塞普勒／著，大塊文化）。

|  | 問題解決 | 課題解決 |
|---|---|---|
| 順序 | 發生問題　→　應變 | 發現機會　→　因應 |
| 結果 | 得到原本能得到的 | 新商業模式 |
| 建議投入的程度 | 最少 | 足夠 |
| 焦點 | 負面因素 | 正面因素 |

## 表格式圖解：課題解決與問題解決的比較

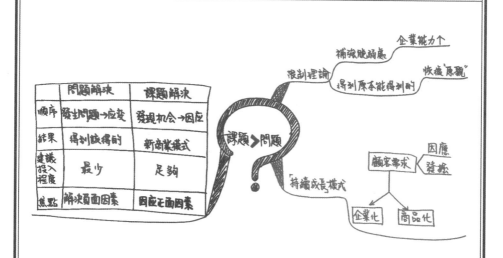

## 圖解型心智圖：「課題解決」>「問題解決」
（結合表格、箭線圖）

# 3

## 論點式文章

### 網絡銷售王朝

　　成功的廣告也有一些共同的特點：

　　目標鎖定在自己特定想要的族群。如果有一個廣告所提供的意義對律師有吸引力，那麼它就會刊登在法律報紙或雜誌上。如果你的產品對水管工人具有吸引力，那就應該登載在針對水管工人所出版的刊物上。選對正確的廣告物，可以快速地得到回應，當然也能找到合作者及客戶。

　　放置吸引人的圖片解說或照片，這樣讀者才會有興趣仔細閱讀，並且有深入了解的意願。

　　記住，把注意力太過集中在產品銷售的廣告可能會得不償失。即使是以銷售產品為主要目的的廣告，你也應該考慮因廣告效果，而銷售所得到的利潤是否能夠收支平衡。

　　著重宣傳賺錢機會的廣告會有物超所值的效果。你要知道吸引一個加入者的價值是多少，並且計算一個廣告要能吸引多少個加入者才值得。

　　也可考慮一個同樣能吸引大量目光的小廣告，有些兩到三頁設計出色的廣告會比某些大廣告更醒目有效。生動的黑白廣告有時候可能與彩色版廣告擁有一樣的效果。

　　在一個特定雜誌上長期刊登，可以增加公司的可信度。雖然可能會吸引新的讀者和潛在的客戶，他們可能最終會意識到價值所在，但是如果你後來的廣告都不如第一次有吸引力時，那就會有反效果。

　　尋找提供讀者回函的出版物，他們會邀請讀者回信來討論一些他們認為有趣的廣告，而這樣的服務可以降低廣告費用。

　　提供一個免費的新聞稿資訊或其他服務，這樣可以鼓勵讀者的參與。在讀者們的回應電話數量增加後，就可隨時準備行動。

　　尋找剩餘可以做廣告的小空間來降低廣告成本。你可以等某些出版物把剩下最後的廣告空間賣給你，當然就可以得到相當不錯的折扣。

### 更多關於刊登廣告的細節

　　如果你期望潛在客戶對你的廣告有所回應，那麼你就要在廣告上提供有價值的吸引力，或特別以他們為讀者族群的雜誌上刊登廣告，這樣得到客戶的回覆就更為簡單

有效。比如說，如果你向特定人群銷售保險產品，特別指出「徵：保險代理商、律師和需要兼差的會計師。紐約證券交易所國際分部進駐加州市場。」在你可能放大的最大程度上，和你需要尋找某一類特別的潛在客戶的時候，你將可能吸引到一個你想要的人。

──《網絡銷售王朝》，P93 ～ 95

喬・魯比諾　博士／著，晨星出版

## 【2】抓重點：文字化

　　本篇文章既然講到「特點」，就把焦點放在作者提到哪些「特點」上。此篇文章剛好是一個段落為一個特點。

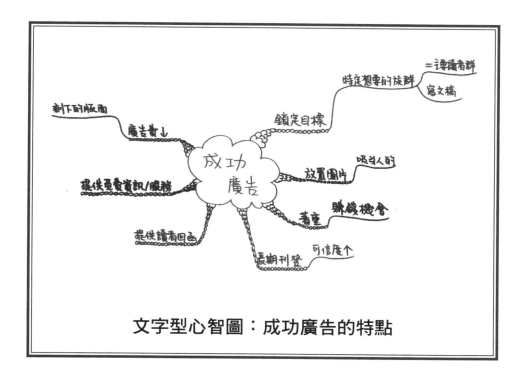

### 文字型心智圖：成功廣告的特點

過去曾有小學生問過我：「是不是一個段落就畫成一條脈？」我的答案是：「不一定，要看文章內容來決定，這篇文章是恰巧這樣子而已。」這種誤解，還滿常發生在小學生身上的。

當內文對於已經有這方面背景知識的人來說，已經可以歸入基本常識了，就不需要放太多資訊在心智圖上；但對於初次接觸這領域的人來說，若有自己覺得應該要好好記住或是要留意的地方，對自己來說就是重點。

## 【3】心智圖閱讀術：圖解化加強記憶

這篇文章的心智圖閱讀術「圖解化」部分，我們要運用「心像法」來繪製。記得對照前一頁的「文字型心智圖」來轉換圖像喔。

凡牽涉到動作類的文字，腦中很容易產生該動作的圖像，因此**運用「心像法」，將意義轉成圖像最簡單了。運用「意義來轉圖像」的重點是「不要逐字逐句」**，而是懂得「換句話說」，只要意義一樣，不要執著於原來文字組合，這樣比較容易想出畫面。

第一條脈：鎖定目標，針對讀者群，寫文稿。一個人對著讀者寫文稿，讀者頭上有一個蘋果靶，表示他是目標讀者。

第二條脈：放置吸引人的圖片。一個人盯著一張圖片。

第三條脈：著重賺錢機會。一個人拿著放大鏡盯著錢愈變愈多。

第四條脈：長期刊登，提高可信度。一月一日的日曆上有一顆心，十二月三十一日的日曆上有三顆心。

第五條脈：提供讀者回函。一張回函。

第六條脈：免費提供資訊服務。書代表資訊，工具代表服務。

第七條脈：剩下的版面較便宜。一本雜誌上最後一個版面的金錢符號較少。

若想多練習「意義轉圖像的心像法」，你可以用**小說**來練習，我個人推薦：《最貧窮的哈佛女孩》（莉姿‧茉芮／著，商周出版）。

## 圖解型心智圖：成功廣告的特點
（結合心像法轉圖像、插圖）

# 4

## 論點式文章
### 誰偷了我的顧客？

## 【1】閱讀文章

**第三篇　第七章　風險：來自公司文化的觀點**

　　從一開始，每個以顧客為主的專案，都會暴露了公司觀點與顧客觀點之間，存在著極大的歧異，而這些歧異有可能會完全毀掉投資原本會帶來的利益。

　　為了確保成功的顧客經驗，理想的作法是從顧客的觀點由外而內設計接觸點。第六章討論到這麼做可能有的機會，以及不這麼做可能擔負的風險。不過，如果你嘗試做但卻做得不理想，所冒的風險可能會更大。用意良好的顧客提案卻被公司文化給搞砸，這是常常可以看到的結果。

　　到底何謂管道接觸點？從公司的觀點來解讀，管道泛指通路（Distribution Channel），換句話說，所謂的管道是分配並推出產品和服務到市場的媒介。但從顧客的觀點來看，卻是由顧客選擇媒介來取得產品、服務和資訊。你能看出公司和顧客的看法不一樣了吧，這還不過是開始呢！

　　所有的產業都看得到這種現象，這裡將以銀行作為例子，想必我們都是某家銀行的顧客，銀行的例子將有助了解，觀點的不同如何阻礙公司與顧客之間的關係臻至理想（見圖7.1）。

　　圖7.1所描述的是今天銀行典型的觀點，也可以套用在其他產業。幾乎所有公司的文化、觀點和經營策略，都是認為與顧客的互動主要透過公司的通路，像是零售店、網路、電話中心等等，銀行可能還包括分行及ATM。此外，大型銀行會認為它的企業，是由多種獨立且以產品為重的單位所組成，每個單位自成一局，雖然有共同的顧客，卻無法共享顧客的資訊。每個企業單位通常有自己的產品，像是信用卡，也與他們的顧客維持一種獨斷的關係。這些企業單位使用分行、ATM、網路、電話客服中心、語音回覆系統等通路，分配並推出產品和服務到市場，但是對於支持這些管道的基礎架構卻未能、甚至抗拒共享。從獨立的企業單位觀點來看，因為各自為政，所以每個單位都需要獨特的基礎架構，銀行中使用的組織、流程、文化、甚至是語言是由內而外設計並實行的，並以產品主導一切觀點。顧客在人生事件及顧客生命週期當中透過銀行的觀點來檢視（見圖7.1）。

　　最後，銀行將顧客區隔視為依照共同特性分群顧客的方式，不過卻是出自銀行內部觀點，像是「顧客的價值」或「有相同銀行產品的顧客」。銀行從企業模型和觀點

出發，想開發計畫改善顧客忠誠度與留住顧客。

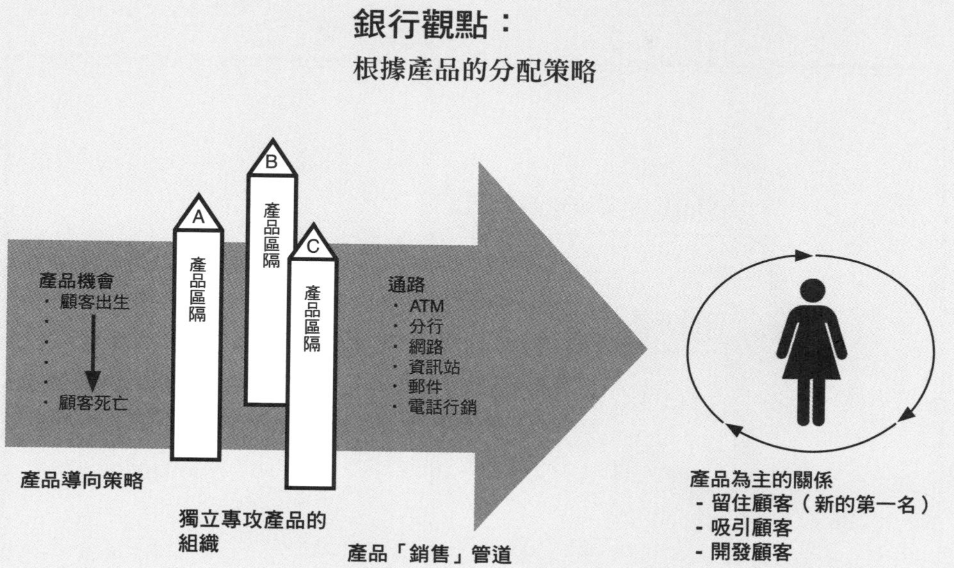

**銀行觀點：**
**根據產品的分配策略**

產品機會
・顧客出生
・
・
・
・
・顧客死亡

A 產品區隔

B 產品區隔

C 產品區隔

通路
・ATM
・分行
・網路
・資訊站
・郵件
・電話行銷

產品導向策略

獨立專攻產品的組織

產品「銷售」管道

產品為主的關係
- 留住顧客（新的第一名）
- 吸引顧客
- 開發顧客

圖 7.1　顧客忠誠度最大的障礙是什麼？公司文化Ⅰ

──────《誰偷了我的顧客？》，P87～89
哈維・湯普森／著，晨星出版

## 【2】抓重點：文字化

　　企業管理類型的文章，必須將焦點放在作者提出了什麼觀點，文中的例子是為了證明與幫助理解這些觀點的差異，例子部分是不是重要，就看你想不想也留意其他行業的情形。像文中提到的銀行與客戶間的對比觀點，是為了讓讀者了解作者的論點而寫的。

這張文字型心智圖，是把這篇文章當成要考試的內容來整理，所以，把文中所有的觀點跟例子都放上去，並用條列式統一排列在右邊，方便閱讀。

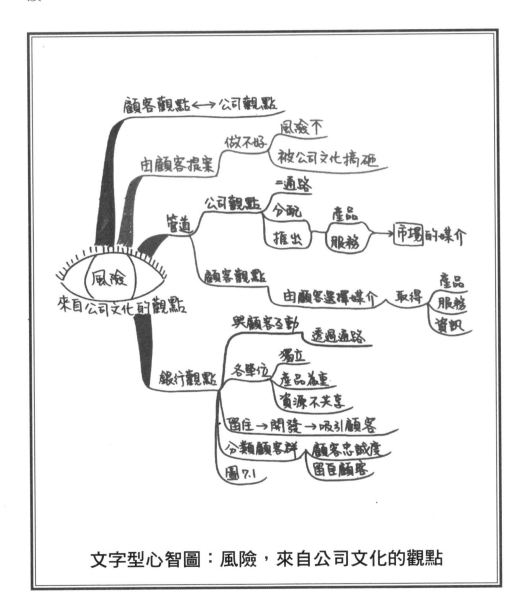

**文字型心智圖：風險，來自公司文化的觀點**

## 【3】心智圖閱讀術：圖解化加強記憶

第一條脈：描述顧客提案和公司文化的歧異和風險。第二條脈：以三種角度去分析比較銀行觀點跟顧客觀點的不同，最簡單的圖解方式就是表格。例如：以「銀行觀點」來看「銀行」，是要以「產品為重」，但以「顧客觀點」來看「銀行」，「銀行應該要以我的需求為主才對」。

第三條跟第四條脈：主要在陳述流程，最簡單的圖解方式就是「箭線圖」。

心智圖的好處是容易把各種圖解的圖形結合在脈絡中，這種表現方式對於記得久、記得牢是有幫助的。

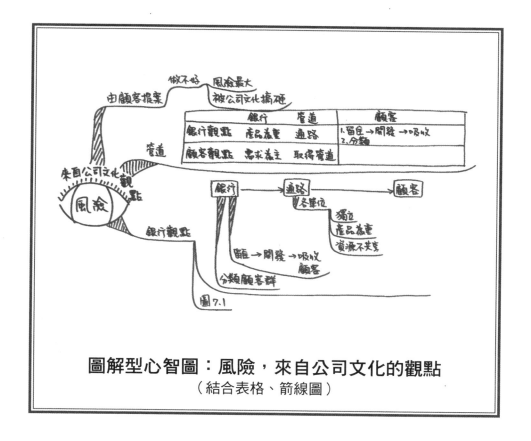

**圖解型心智圖：風險，來自公司文化的觀點**
（結合表格、箭線圖）

# 5 論點式文章
## 談美

## 【1】閱讀文章

**我們對於一棵古松的三種態度——實用的、科學的、美感的**

　　實用的態度以善為最高目的，科學的態度以真為最高目的，美感的態度以美為最高目的。在實用的態度中，我們的注意力偏在事物對於人的利害，心理活動偏重意志；在科學的態度中，我們的注意力偏在事物間的相互關係，心理活動偏重抽象的思考；在美感的態度中，我們的注意力專在事物本身的形象，心理活動偏重直覺。真善美都是人所定的價值，不是事物所本有的特質。離開人的觀點而言，事物都混然無別，善惡、真偽、美醜就漫無意義。真善美都含有若干主觀的成分。

　　就「用」字的狹義說，美是最沒有用處的。科學家的目的雖只在辨別真偽，他所得的結果卻可效用於人類社會。美的事物如詩文、圖畫、雕刻、音樂等等都是寒不可以為衣，飢不可以為食的。從實用的觀點看，許多藝術家都是太不切實用的人物。然則我們又何必來講美呢？人性本來是多方的，需要也是多方的。真善美三者俱備才可以算是完全的人。人性中本有飲食欲，渴而無所飢，飢而無所食，固然是一種缺乏；人性中本有求知慾而沒有科學的活動，本有美的嗜好而沒有美感的活動，也未始不是一種缺乏。真和美的需要也是人生中的一種飢渴——精神上的飢渴。疾病、衰老的身體才沒有口腹的飢渴。同理，你遇到一個沒有精神上的飢渴的人或民族，你可以斷定他的心靈已到了疾病、衰老的狀態。

———《談美（愛藏本）》，P17～18
朱光潛／著，晨星出版

## 【2】抓重點：文字化

　　論說文就是論述說明作者自己的想法，這篇文章會被採納進學校教材內，必定有其文學上的價值。除非你是想要提升寫作能力，學習其文學上的優點，否則閱讀焦點只要擺在作者想要闡述的論點是什麼就好，千萬不要被作者美麗的用字遣詞、華麗的詞彙給迷惑了。

　　比較三種態度的相同點與相異點是本文的寫作主軸，要小心分析比較的點在哪裡。心智圖呈現時，我省略掉分析比較的點。

　　別擔心省略太多原文會使得日後看不懂這張心智圖在講什麼，因為是自己動腦筋畫出來的，即使省略了某些地方，自己還是能看懂這些文字間的關係。

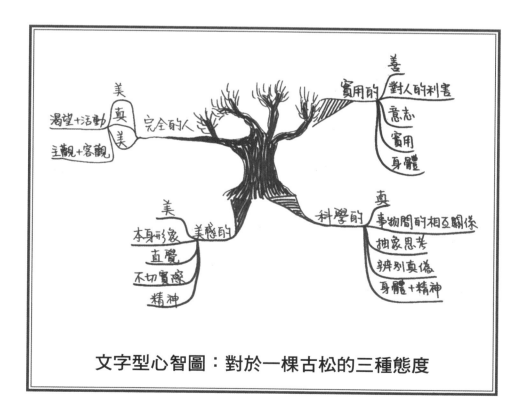

**文字型心智圖：對於一棵古松的三種態度**

## 【3】心智圖閱讀術：圖解化加強記憶

這類文章需要「分析→歸納」的過程才能製作出以下這樣的表格。首先把焦點放在作者的分類概念上，再一一抓出每個分類概念底下的特色，例如：先抓出「每種態度的最高目的」，再一一比較這三種態度的最高目的分別是什麼。

| 分析<br>比較的點　　態度 | 實用的態度 | 科學的態度 | 美感的態度 |
|---|---|---|---|
| 最高目的 | 善 | 真 | 美 |
| 注意力在於 | 對人的利害 | 事物間相互的關係 | 事物本身形象 |
| 心理活動 | 意志 | 抽象思考 | 直覺 |
| 由誰決定 | 人 | | |
| 主觀／客觀 | 主觀＋客觀 | | |
| 效用 | 實用 | 辨別真偽 | 不切實際 |
| 能滿足 | 身體 | 身體＋精神 | 精神 |

### 表格式圖解：對於一棵古松的三種態度

　　以本文來說，這個表格已經表達得很完整了，不用結合心智圖也沒有關係。在此，我要傳達一個觀念，或許很多心智圖的提倡者會不斷強調心智圖是萬能的，但有時在某些題材上，其它工具也能表現得跟心智圖一樣好，這時就看你的喜好去選擇使用。總之，多學幾招思考工具，對你只有好處沒有壞處，別像我的很多成人學生一樣，「書到用時方恨少」！

　　在此推薦你可以用**論說文**、**應用文**類的文章來練習，像是《田園之秋》（陳冠學／著，前衛出版社）一書中〈西北雨〉這篇文章，就是帶有記敘目的的應用文，可以將閱讀的焦點放在作者敘述了哪些事情，藉此來練習畫心智圖。

# 6

## 敘事性文章

### 愛麗絲夢遊仙境

**【1】閱讀文章**

**第一章　掉進兔子洞**

　　看來，守在小門旁白等也沒有什麼用處，於是，她又回到桌子旁，希望再找到一把鑰匙，或者找到一本教導把人像望遠鏡那樣縮小的書。這次，她在桌上發現一個小瓶子。（「它剛才一定沒有在這裡。」愛麗絲說），瓶口上繫著一張小紙條，上面寫著兩個很漂亮的大字：「喝我」。

　　「喝我」聽起來好像很不錯，可是聰明的小愛麗絲不會急忙那麼做。「不行，我得先看看，」她說，「上面是否有寫著『毒藥』兩個字。」因為她聽過一些精彩的小故事，關於小孩子被燒傷、被野獸吃掉，以及其他一些可怕的事情，都是因為沒有記住大人的話，例如：火鉗握得太久就會把手燒壞；用小刀割手指就會出血；還有一點，她也牢牢記在心中：如果把寫著「毒藥」瓶裡的藥水喝進肚子裡，那麼遲早會遭殃。

　　然而，這個瓶子上並沒有標記「毒藥」字樣，於是愛麗絲大膽地嚐了嚐，味道倒很好，它混合著櫻桃餡餅、奶油蛋糕、鳳梨、烤火雞、牛奶糖、熱奶油麵包的味道。愛麗絲一口氣就把一整瓶喝光了。

　　「好奇怪的感覺呀！」愛麗絲說，「我一定是像望遠鏡裡那樣變小了。」

　　果然，現在她只有十吋高了，大小正好可以穿過小門到達那個可愛的花園裡去。她高興得眉飛色舞。不過，她又等了幾分鐘，看看自己會不會繼續縮小下去。想到這點，她有點緊張了。「結果會怎麼樣呢？」愛麗絲對自己說，「也許我會一直縮小下去，就像蠟燭的火苗那樣到最後全部熄滅。那麼我會怎麼樣呢？」於是她又努力想像蠟燭熄滅後的樣子，可是想了半天也想不出來，因為她不記得見過那樣的東西。

———《愛麗絲夢遊仙境（愛藏本）》，P17～19
路易斯・凱洛／著，晨星出版

## 【2】抓重點：文字化

故事型的文章內容，只要用古時中國人常用的六何法（何人、何事、何時、何地、何物、為何、如何），也就是西方人所說的 5W1H（Who、When、What、Where、Why、How）來「抓重點」就好。

現在還加入了成本觀念（How many、How much）形成了 5W2H 或是 5W3H，或是加入了所有格跟被動式觀念（Whose、Whom）形成了 7W1H，這些皆屬於 5W1H 的延伸觀念。

故事的時間順序是很重要的，我們平時說話的語法是「昨天我去百貨公司買了一雙鞋」，在什麼時間，誰在什麼地點，做了什麼事，為什麼要

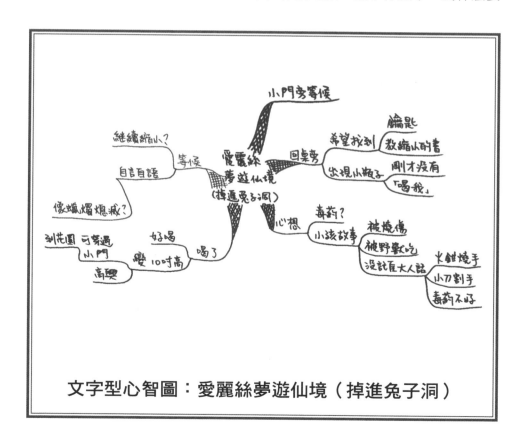

**文字型心智圖：愛麗絲夢遊仙境（掉進兔子洞）**

這麼做，做完的結果是什麼。**重點順序是「時＞人＞地＞事物＞因＞果」或是「人＞時＞地＞事物＞因＞果」。**

本篇文章中，愛麗絲依時間順序分別做了幾件事情，因為我一律都用順時針方式來畫心智圖，所以這裡省略在主脈上照時間順序標示 1、2、3、4、5，但大家可從一點鐘方向開始看這張圖。

畫心智圖時，記得兩個關鍵字詞以前後方式擺放，代表絕對的因果關係，先因後果、先果後因都可以，你自己能看懂就好。

## 【3】心智圖閱讀術：圖解化加強記憶

這段故事畫成圖解型心智圖，運用的是「**結合心像法轉圖像**」的方式。

第一條脈：巨大的愛麗絲站在小門旁。

第二條脈：愛麗絲站在桌旁看著小瓶子，滿腦子問號，想著鑰匙，想著一本書，書旁有小三角形變成小小三角形的圖形。把故事發展的過程畫在一起。

第三條脈：用問號代表後面的疑問。「毒藥」就畫一個瓶子有骷髏頭的畫面。用小孩旁邊有很多文字代表「關於小孩的故事」，後面的關鍵字都是動作，只要畫出該動作就好。

第四條脈：用一個大拇指符號代表「好喝」。人從巨人變小人，小人旁有一把量尺，尺寫著十吋。愛麗絲走過小門看到一片花園代表「可穿過小門」、「到花園」。一張笑臉代表「高興」。

第五條脈：愛麗絲旁邊有一個時鐘，代表「等候」。大三角形變中三角形，中三角形變小三角形，代表「繼續縮小」。兩個我面對面，一個我對另一個我開口，代表「自言自語」。蠟燭光上打叉叉，加上問號，代表「像蠟燭熄滅」？

有些人會覺得看完一本故事書或小說只是要打發時間而已，還要把內

**圖解型心智圖：愛麗絲夢遊仙境（掉進兔子洞）**
（結合心像法轉圖像、插圖）

容畫成心智圖，實在是很麻煩。不過，你可以這樣想，我畫心智圖是為了提升理解力，現在只是透過這本故事書或小說來練習如何掌握故事的脈絡與關鍵字詞，只要我對這類型題材的理解力提升了，就可以不用再畫心智圖了。

　　有心要提升這類故事性理解能力的人，建議你從一些有文學價值的**小品散文**著手，還可豐富心靈。

53

# 7 敘事性文章
## 柳林中的風聲

## 【1】閱讀文章

### 第五章　可愛的家

　　他們的面前便是鼴鼠家矮小的前門，門的一邊有門鈴，門上用粗體字寫著：「鼴鼠之宅」。

　　鼴鼠取下掛在牆壁釘子上的燈籠，把燈點上。河鼠看了看四周，發現他們站在房前的院子裡。門的一邊擺著一張座椅，另一邊放著一個壓路機。鼴鼠是一個愛清潔的動物，容不得別的動物把他院子裡的泥沙弄成一堆一堆的。牆上掛著好幾個鐵絲籃子，裡面裝著羊齒草，籃子與籃子之間的支架上擺放著各種石膏塑像——有（義大利民族解放運動領袖）加里波底（Garibaldi），有幼兒時期的撒母耳，有英國女王維多利亞，還有一些當代義大利的英雄人物。院子的一邊有一條九柱遊戲球道，球道兩邊擺著長凳和小木桌，每張桌子上都留下圓圈的痕跡，表示上面曾經放過啤酒杯。院子中間有一個圓形的小池，裡面養有金魚，池塘周圍用海扇殼鑲嵌；池塘中間有一間非常別緻的房子，這房子的外表也鑲嵌著許多海扇殼，屋頂上有一隻大大的銀色玻璃球，球面上映出的東西都變形了，顯得特別好看。

　　看到這些熟悉的景物，鼴鼠高興得笑容滿面，他領著河鼠匆匆進門，點亮客廳的燈，朝四周望去。他看見屋裡的東西都積上了厚厚的灰塵，被他冷落了這麼久的家裡顯得毫無生氣，屋子窄小裡面的擺設又如此破舊——他突然癱坐在椅子上，雙手捂著臉。「噢，河鼠！」他沮喪地叫道，「我為什麼要這樣做？我為什麼要在這樣一個夜晚把你帶到這個醜陋、冰冷的小屋子？這個時候你本來已經回到河邊的家裡，坐在溫暖的爐火邊烤火，享受著你那些精緻的東西。」

　　河鼠對他的自責一點也不在意，他在屋子裡跑來跑去，打開房門，查看房間和碗櫥。他把燈和蠟燭點亮，並分散在各個地方。

————《柳林中的風聲（愛藏本）》，P78～80<br>
肯尼思‧格雷厄姆／著，晨星出版

## 【2】抓重點：文字化

多數人遇到故事性的文章，第一個念頭是希望自己把細節都記下來，這就錯了。除非，你是為了加強寫故事的能力，需要好好參考借鑑一下作者的筆法。

作者的布局（故事主軸）才是值得記錄的，細節是為了加強生動性與真實性，屬於旁枝末節，千萬別見樹不見林。

此段文章依序有兩個場景，「院子」跟「客廳中發生的事情」，故以此為主脈。

在「院子」裡，鼴鼠跟河鼠分別做了不同的事情。依照河鼠留意事物的順序，再細分成四條脈，也就是心智圖的結構愈往外愈是細節。其中「鼴鼠不喜歡泥沙一堆堆」，並非這段故事內所發生的，而是作者補充說明處，於是我特意用註解的方式來呈現。

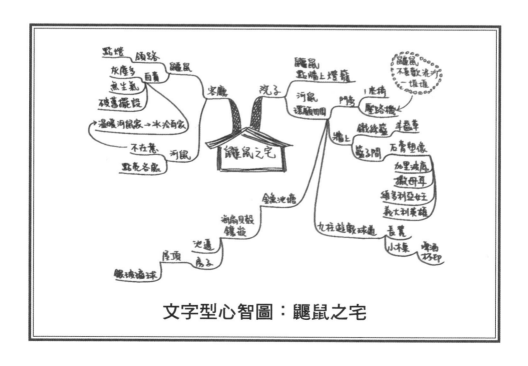

**文字型心智圖：鼴鼠之宅**

鼴鼠在意讓河鼠從溫暖的河鼠家來到冰冷的自家，但河鼠並不在意，所以，在「客廳」這條脈的「河鼠」處，我拉了一個箭頭來表達這個概念，千萬別又多寫這段文字在心智圖上，否則就失去去蕪存菁的效果了。

特別再說明一次，故事性內容是以 5W2H（人、事、時、地、物、因、果、成本）概念來圈選關鍵字詞、抓重點，千萬不可以用 5W2H 為主脈，這種畫法可是大錯特錯的。


## 【3】心智圖閱讀術：圖解化加強記憶

故事性內容最容易轉換成圖像了，只要像畫漫畫似的把場景畫出來就好，這部分對小孩子來說是再簡單不過的事，但對大人來說，因已拋棄畫圖能力多年，同時，年紀愈大就愈在乎自己畫出來的圖像不像、好不好看，於是很多成年人對於這種類型的心智圖充滿恐懼感，怕畫出來的圖被別人笑。別忘了，這不是美術課，只要你知道圖片表達的是什麼意思就好，「像不像」不重要。

故事性內容，可千萬不要畫成插圖型心智圖（參見 P15），畫出許多個真實呈現的插圖圖像，這樣做的話會使得故事場景不連貫，對學習過程來說是一種阻礙，也是沒有意義的。

你只要對照文字型跟圖解型這兩張心智圖，就能很輕易理解，我是如何「結合心像法轉圖像」來表達故事情境，你的畫圖功力不用太好，只要跟我一樣有這種幼稚園程度就夠了。畫圖時，如果真的遇到自己畫不出來的文字，那就寫字吧，畢竟**畫心智圖是要寫關鍵字詞跟正確表達關鍵字詞間邏輯關係，畫圖像雖可提升記憶效果，但非畫心智圖的重點**。否則圖像再漂亮，但關鍵字詞或邏輯錯誤，是無意義的。或是花費過多的時間在畫圖像上，只為了讓圖像漂亮，是本末倒置的。

補充一點，牆上籃子間有各種人物塑像：這些人物角色在本段故事中並非重點，於是，畫圖時不需要把角色一一畫出。

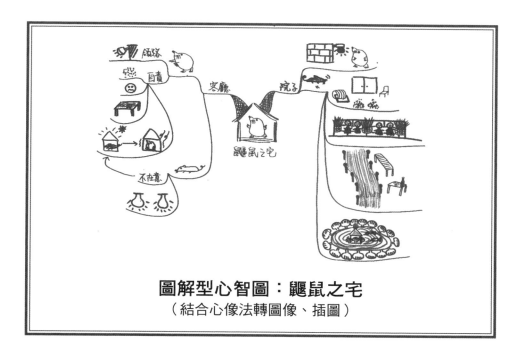

**圖解型心智圖：鼯鼠之宅**
（結合心像法轉圖像、插圖）

學了心智圖，可別忽略了你看書的原始目的喔，你是要增強理解力才來畫心智圖的，不是為了畫圖才來畫心智圖的。

基本上，故事性內容只要畫出「圖解型心智圖（結合心像法轉圖像）」就能幫助記憶了，不太需要再畫成「圖像記憶型心智圖（結合圖像記憶）」。這道理很容易理解，把小說故事搬上電影時，就是把小說情節圖像化了，於是你看了一部哈利波特電影，就可以很容易記住故事情節。

現在很流行用小說故事的方式，藉由故事包裝把理論與觀點傳達出來，閱讀這一類的小說，焦點可不能只放在情節變化上，而是應該是作者的論點上。這類作者會在情節轉折處布局他的論點，所以，閱讀時要注意故事情節變化，但是，在心智圖上就要拿掉所有的情節才對，只能放作者的論點與你自己的心得感觸。若對這類書籍有興趣，你可以看看這兩本書：《鑽石就在你身邊》（魯塞‧康維爾／著，晨星出版）、《不抱怨的世界》（威爾‧鮑溫／著，時報出版）。

# 8 敘事性文章
## 湯姆歷險記

## 【1】閱讀文章

**快樂探險隊**

　　一身清爽，心情愉悅，飢腸轆轆的他們回到營地，很快地重新燃起營火，哈克在附近找到清澈的冷泉，他們用寬大橡樹葉或胡桃樹葉做成杯子，水接觸到野生樹木的特殊味道之後更加甘美，是取代咖啡的好飲料，正當喬伊切培根準備早餐時，湯姆和哈克要他等一等，他倆走到河岸丟入釣魚線，沒兩下子兩人已經提著肥美的石首魚、兩條鱸魚和一條小鯰魚，夠一家子吃到飽，拿魚和培根一起煎，結果讓他們驚為天人，以前沒嚐過這麼美味的魚，在戶外露天睡覺運動，在河裡洗澡，再加上肚子餓，混合起來變成最佳調味醬。

　　早餐後，他們躺在林蔭裡休息，每小時游一次泳，下午時間過去一半才回到營地，太累了無法釣魚，但冷火腿還是很奢華的享受，吃完後倒在樹蔭底下聊天，但聊著聊著愈來愈沒話說，終於沉默下來，森林醞釀的安靜與凝重，加上寂寞的感覺，一種無以名狀的思念爬上心頭，即便是芬恩血手大盜，也想念著家門口的階梯和睡覺的大木桶，對於自己的脆弱，三人都覺得丟臉，因此沒人能勇敢說出口。

　　好一陣子他們隱約意識到遠方傳來特別的聲音，那種聲音就好像時鐘滴答聲，沒有人特別注意但確實存在，這神祕的聲音愈來愈清晰，不得不聽見，男孩一驚，彼此看了一眼，全都側耳傾聽，經過一陣很長不易被打破的沉默後，一陣既深沉又刺耳的轟隆聲從遠方飄來。

───《湯姆歷險記（愛藏本）》，P127～128

馬克·吐溫／著，晨星出版

58

## 【2】抓重點：文字化

我的閱讀目的是理解並分析作者的故事布局，在此不依照作者原來的分段方式，而是根據內容的演變過程來分主脈。

第一段文章：講述為什麼在營地中要做這些事，哪些人分別做了哪些事。第二段文章：講述早上、下午做的事情，內心的想法。第三段文章：講述那是一種什麼樣的聲音。

**畫成文字型的心智圖：**

第一條脈：營地裡，為什麼要做這些事，哪些人做了哪些事。

第二條脈：早餐時間做的事。

第三條脈：早餐後做的事。

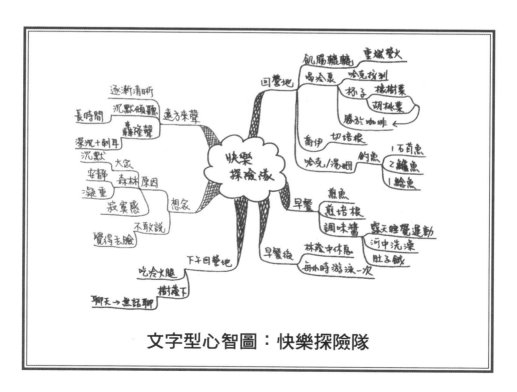

文字型心智圖：快樂探險隊

第四條脈：下午做的事。

第五條脈：內心的情感變化。

第六條脈：令人疑惑的聲音。

## 【3】心智圖閱讀術：圖解化加強記憶

這篇文章畫成圖解型心智圖，運用和上個單元相同，「**結合心像法轉圖像**」的方式。

第一條脈：

1. 一個人肚子發出聲音，給火堆加著柴火，代表「飢腸轆轆」、「重燃營火」。

2. 哈克站在泉水旁用葉子裝著水，手伸出大拇指表示冷泉好喝，代表「喝冷泉」、「橡樹葉跟胡桃葉當杯子」、「取代咖啡」。這個故事不需要一字不漏、百分之百正確地背下來，千萬**不要死守原來的用語，想真實呈現，請用「換句話說」的方式來思考如何轉圖像**。

3. 切著肉，代表「切培根」。

4. 一根釣竿上有四條魚，其中兩條魚長得一樣，代表「釣魚」、「一條石首魚」、「兩條鱸魚」、「一條鯰魚」。

第二條脈：

從左到右，逐一畫出樹下有人在睡覺、有人在跑步、有人在河中洗澡、有人肚子餓，依次代表「露天睡覺運動」、「河中洗澡」、「肚子餓」。

第三條脈：

有人在樹下睡覺，接著每小時游一次泳。

第四條脈：

1. 一張嘴咬著一根火腿，代表「吃冷火腿」。

2. 樹下有人在聊天變成沒有話語出來，代表「聊天→無話聊」。

## 圖解型心智圖：快樂探險隊
（結合心像法轉圖像、插圖）

**第五條脈：**

1. 屋子中有一顆心，代表「想家」。樹林中沒有人說話，其中一人被隔絕出來，大家表情凝重，代表「沉默」、「安靜」、「凝重」、「寂寞感」。

2. 一個人嘴巴打叉叉，臉紅紅，代表「不敢說」、「丟臉」。

**第六條脈：**

1. 音符被風吹來，代表「來聲」。

2. 只有一個耳朵旁有音符逐漸變大，旁邊有個時鐘，代表「逐漸清晰」、「沉默傾聽」、「長時間」。

3. 一個沉重的秤錘，發出尖銳跟厚實的音波，傳到耳朵中，代表「轟隆聲」、「深沉」、「刺耳」。

# 9 敘事性文章
## 貓戰士

### 【1】閱讀文章

**荒野新生　第八章**

　　黃牙一聽見有貓逼近的腳步聲，立刻嘶吼起來。但火掌卻查覺到她的慌張。母貓勉強自己站起身體。「再會了，謝謝你的大餐。」她試圖靠三條腿一拐一拐地走，但實在痛得難受，臉部也開始抽搐。「天啊！這條腿都坐僵了！」

　　為時已晚，她哪裡也去不了了。林子裡竄出幾個身影，沒一會兒，就把火掌和黃牙給團團圍住。火掌認出他們是虎爪、暗紋、柳皮和藍星，四隻貓都精瘦而結實。火掌聞到黃牙身上散發出的恐懼氣味。

　　灰掌緊跟在後，他跳出灌木叢，站在這些戰士旁邊。

　　火掌匆忙和他的夥伴打招呼，但只有灰掌理他。「嗨，火掌！」他喊道。

　　「安靜！」虎爪吼著。

　　火掌瞪著黃牙，心裡七上八下。到現在他還聞得到她身上的恐懼，但這隻渾身髒汙的母貓顯然不肯認輸，依舊用挑釁的眼神瞪著他們。

　　「火掌？」藍星的語調既冰冷又謹慎。「這裡怎麼了？有敵營的戰士……而且才剛吃飽？從你們身上的氣味就聞得出來。」她瞪著他，火掌趕緊低下頭。

　　「她又餓又虛弱……」他開口說道。

　　「那你呢？難道你也餓到得先餵飽自己，再去幫部族收集獵物嗎？」藍星繼續說，「我想你會打破這條規定，應該是有什麼好理由吧？」

　　火掌不敢輕忽族長軟中帶硬的語調。藍星很生氣，而且氣得有道理。火掌把身體壓得更低了。

　　他正要開口，虎爪的吼聲就出現了：「寵物貓就是寵物貓，改不了的！」

　　藍星沒理會虎爪，反倒看向黃牙。突然她露出驚訝的表情。「哦——火掌，你幫我逮到一隻影族的貓了，而且還是我認識的。妳是影族的巫醫，不是嗎？」她對黃牙說，「妳為什麼大老遠跑來雷族的地盤呢？」

　　「我以前是影族的巫醫，但現在我選擇獨來獨往。」黃牙嘶聲說道。

　　火掌聽了很訝異。他沒聽錯吧？黃牙以前是影族的巫醫。八成是她身上的惡臭掩蓋了影族的氣味。要是知道她是影族的貓，他會再跟她多戰幾回。

　　「黃牙！」虎爪嘲弄地說，「看來妳過得很悽慘，不然怎麼會被一個新手打得落

花流水的！」

　　這時暗紋開口了。「那隻老貓根本沒什麼用處，我們現在就可以把她給殺了。至於這隻寵物貓，竟敢違背戰士守則，去餵敵營的戰士，當然得接受處罰。」

　　「把你的爪子收起來，暗紋。」藍星冷靜地說，「所有貓族都知道黃牙有膽識、有智慧，或許聽聽她怎麼說，對我們會有些幫助。走吧，我們先把她帶回營地，再決定如何處置她……還有火掌。妳能走嗎？」她問黃牙。「需要幫忙嗎？」

　　「我還有三條腿呢。」這隻灰斑母貓啐了一口，一拐一拐地往前走。

　　火掌看得出黃牙眼中痛苦的神情，但她似乎不願讓他們看出她的弱點。他也注意到藍星轉身帶領他們穿過林子前，曾不經意地流露出尊崇的眼神。其他戰士也各就各位，站在黃牙兩側，小心押解著她離去。

　　火掌和灰掌走在隊伍最後面。

　　「你聽過黃牙嗎？」火掌低聲問灰掌。

　　「聽過一點，聽說她在擔任巫醫前，曾是戰士，這一點很不尋常。不過我真的想不透，她怎麼會成為獨行貓？她這一輩子都住在影族的領土啊。」

　　「什麼是獨行貓？」

　　灰掌看看他。「獨行貓就是不屬於任何一族，也不屬於兩腳獸，虎爪說這種貓最不可靠，自私自利。他們通常住在兩腳獸的住處附近，誰都管不住他們，他們會自己找食物吃。」

　　「要是藍星不要我了，我恐怕就會成為獨行貓。」火掌說。

　　「藍星處事很公正，」灰掌再三向他保證，「她不會趕你走的，她現在肯定很高興逮到這隻重量級的影族貓。我敢說，她不會怪你拿獵物餵這隻渾身是病的老貓。」

　　「可是他們老是抱怨獵物太少，唉，我幹嘛去吃那隻兔子呢？」火掌感到很羞愧。

　　「這個嘛——」灰掌輕推他的朋友，「誰叫你這麼鼠腦袋！你的確違反了戰士守則，不過沒有誰是完美的。」

　　火掌沒有答腔，只是心情沉重地跟在隊伍後面。這是他第一次單獨出任務，哪知道結果和他當初料想的完全不一樣。

———————《貓戰士　首部曲之 I　荒野新生》，P99～102
艾琳‧杭特／著，晨星出版

## 【2】抓重點：文字化

　　依據不同的閱讀目的，就該抓不一樣的重點，跟前兩個單元一樣，故事型文章一定是「人、事、時、地、物、因、果、成本（5W2H）」這幾個面向去抓關鍵字詞，然後再用心智圖方式來呈現情節變化（文章結構）。

　　這篇文章用字遣詞相當精妙，對於作文能力的培養是有幫助的，閱讀時，可特別留意一下這部分。

　　故事情節是一來一往的對話時，常難倒很多人，不知道主脈要用什麼比較好。這時還是回到文章的結構上，什麼人做什麼事情，用「人物」當

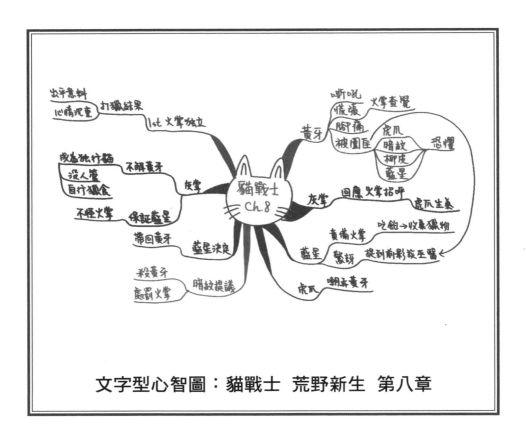

**文字型心智圖：貓戰士　荒野新生　第八章**

主脈，依照「時間順序」以順時針方式畫。這樣就可以忠實呈現故事的演變過程。

第一段到第二段：描述黃牙一隻腳受傷，以及黃牙被圍住的情況，故把兩段合併成第一條脈。

第三段到第五段：描述灰掌、火掌、虎爪三者的互動過程，依照時間順序寫出第二條脈。

第六段到第十三段：描述藍星說話的內容跟所帶出的事實，畫出第三條脈。

第十四段：描述虎牙，畫成第四條脈。

第十五段：描述暗紋，畫成第五條脈。

第十六段：描述藍星的決定，畫成第六條脈。

第十七段到第二十七段：描述灰掌在和火掌對話時的想法，畫成第七條脈。

第二十八段：描述火掌對這一次事件的最後想法，畫成第八條脈。

## 【3】心智圖閱讀術：圖解化加強記憶

故事一定是什麼人，依序在什麼地方，做什麼事情，為什麼要這麼做，這麼做的結果是什麼，所以可以依照每個行為直接畫出來。對照上一張文字型心智圖，你就會知道我是怎麼畫出這些圖像了。

故事有動作，因此故事型內容算是很容易畫成圖解的。或許你會想，這有點像是自製漫畫一樣，沒錯，你說對了！漫畫就是把故事圖像化，常看漫畫或是常畫漫畫，對這一類的圖解能力很有幫助的。但是，看漫畫時要多留意漫畫家如何表現畫面，而別只注意故事人物的對話而已。

畫心智圖時，千萬要小心，別只畫漫畫而忽略了要依照情節來呈現故事脈絡。

第一條脈：分別以貓名來轉成圖像，一群貓圍住黃牙貓，黃牙貓的腳

在滴血。

　　第二條脈：把灰掌、火掌、虎爪互動內容，直接畫下來。

　　第三條脈：藍星（用諧音法畫成星星）責備火紅色手掌貓吃了老鼠。黃牙貓帶手銬表示被抓。頭插著草，地上有影子，表示影族巫醫身分。

　　第四條脈：虎爪貓大笑，箭頭指向黃牙貓。

　　第五條脈：暗紋貓拿刀子，箭頭指向黃牙貓。

　　第六條脈到第八條脈：這邊的內容，我想不用我說明，對照文字型心智圖的內容，你自己就能看懂。

**圖解型心智圖：貓戰士　荒野新生　第八章**
（結合心像法、諧音法轉圖像）

# 10 敘事性文章
## 北歐神話故事

## 【1】閱讀文章

### 天地的創造

#### 永不休止的干戈

當諸神與巨人相繼出現時，戰爭就隨即發生了。巨人與諸神從冰中誕生，但巨人們因為受到河中劇毒的侵蝕，生性十分邪惡、粗暴。而諸神自是擁護正義，正與邪這兩股極端的勢力自然無法共存。尤彌兒一看見普里，立刻從心中湧起一股強大深沉的厭惡感，他無法忍受和普里共同處在同一個世界裡。於是尤彌兒立下了一個可怕的誓言，他發誓，他和普里兩個人，除非有一個人被擊倒，成了冰上永恆的長眠者，否則雙方的戰火將永不歇止。在尤彌兒的挑釁之下，巨人族和諸神間的激烈戰爭就此展開了。後來，普里受到尤彌兒的致命一擊，倒在廣大的冰原上氣絕而亡。巨人尤彌兒得到了勝利。

幸好在這之前，普里已先娶了密米爾的具絲特拉為妻，並產下一子，名叫勃爾（Bor）。勃爾是神族和巨人族通婚下產下的孩子。他就是諸神之王——三柱神的父親。勃爾後來和巨人族的蓓絲特結婚，生下了三柱神——歐丁（Odin）、威利（Vili）和菲（Ve）。而歐丁後來甚至成為諸神之王，統治了全世界。

三柱神為了報祖父普里被殺之仇，繼續挑起戰火，誓殺尤彌兒。經過一場震撼宇宙的激戰之後，三柱神終於聯手將巨人尤彌兒殺死：歐丁用他的長槍刺穿尤彌兒的胸膛，雖然尤彌兒拚命抵抗，但終究難逃一死。他倒地時發出淒厲的哀號，而不斷噴湧而出的鮮血，匯成一片汪洋血海。失去首領的巨人們四散逃竄，但終究都被這片血海給淹沒溺斃了，只有一對巨人男女——名叫培爾蓋爾的男巨人和妻子乘著類似石臼的小船，游過一股又一股血浪，千辛萬苦逃向世界的另一端，在海的另一邊喬登海姆（Jotunheim）定居下來，建立了巨人國，並產下「霜之巨人」的後代。他們夫妻總是懷恨叨唸著：「都是諸神害我們不得不遷居在這又冷又寂寞的世界，諸神真是可恨透了！」「霜之巨人」的後代在這股對諸神強大的恨意下成長，自然將諸神當成仇敵。巨人國的巨人們皆立誓永遠與諸神為敵，干戈就此不歇。

#### 天地初現

在打倒巨人尤彌兒，並驅逐巨人後代的諸神們，終日面對無垠的大宇宙，開始厭倦這既無天空、陸地和日月星辰的廣大空間。他們夢想要創造一個理想的世界。有一

天，歐丁對威利和菲說：「我們必須創造一個安定的世界，我想利用巨人尤彌兒的身體來造世界，你們認為如何？」在威利和菲的贊同下，三人便開始創造天地的計畫。

首先，他們偷來尤彌兒的身體，將它放在金倫加鴻溝上當作大地。之後又以尤彌兒的血造出海洋和河川，再以骨骼造山，用下巴和粉碎的骨頭鑿成蒼穹，以腦髓造成雲朵，並有霰和雪堆積其中。由於尤彌兒的頭蓋骨只是向上拋出，很可能會在某時掉落下來，於是三柱神便派了東、西、南、北四個擁有怪力的侏儒分別到世界的四個角落去，以肩膀來撐住蒼穹。

### 黑暗初現光明

巨人尤彌兒的眉毛被造成牆壁用來圍住「中間世界（Midgard）」，這世界位於尼福爾海姆和穆斯貝爾海姆之間。三柱神就這樣創造了天地，這是一個有形的世界。世界形成了，不過由於缺乏光線，到處都是一片黑暗。於是歐丁便捕取從火焰國——穆斯貝爾海姆飛來的火焰，將它拋散在天上，懸於虛空中。一朵朵的火花變成了星星。世界終於有了光亮。三柱神又在火花中挑了兩個最大的拋向天際，形成了太陽和月亮。星星、月亮和太陽循著各自的軌道運行，調整晝夜，決定了四季的順序。三柱神同時由其軌道運行發明了計算年、月、日的方法。太陽以柔和的光芒照耀著大地，各種花草樹木都開始發芽生長。

當諸神們忙著建造世界，創造天空、大地、太陽、星星和月亮時，尤彌兒的肉體開始腐爛，長出蛆，這些後來都變成了侏儒。這些侏儒分成兩種，一種是黑侏儒，他們狡猾又愛說謊，諸神拿他們沒辦法，只好將他們趕到世界異常寒冷的角落去。而另一種則是白侏儒，他們個性溫和，而且長得非常好看，諸神便將他們送到位於大地和天空的世界去，白侏儒深受諸神寵愛，偶爾會來大地照顧花草樹木，和蝴蝶蜜蜂一同嬉戲，他們歡愉地在草間花間如微風般輕舞。白侏儒在陽光的照耀下，皮膚會散發一股迷人的白色光芒，因此他們又被稱為「光線侏儒」。這些迷人的生物後來被人類稱為「精靈」。人們相信精靈守護大自然的花草樹木。

### 家，永恆的家

歐丁創造了世界之後，又想為諸神建造居所。於是諸神們先開會一同宣誓：「神國中不准有紛亂、爭吵。神所在之處不可以有血；神國必須永遠充滿和諧寧靜。」諸神在宣誓並達成協議後便一同建造一座打鐵工廠，製造了許多工具。諸神便利用這些工具，在高高的天空、綠油油的草原以及水晶般清澈的河水旁，建造了黃金之屋、白銀之家。諸神把這裡稱為阿斯嘉特（Asgard）。

———《北歐神話故事》，P15 ～ 18

白蓮欣、凱特琳／著，好讀出版

## 【2】抓重點：文字化

這是一個較長篇的故事，先就文章的段落來理解內容：

第一段：神與巨人兩方正邪不兩立，尤彌兒殺普里。

第二段：三柱神的族譜。

第三段：三柱神殺尤彌兒。

第四段到第六段：描述三柱神如何進行創造天地的計畫。

第七段：建造神的居所。

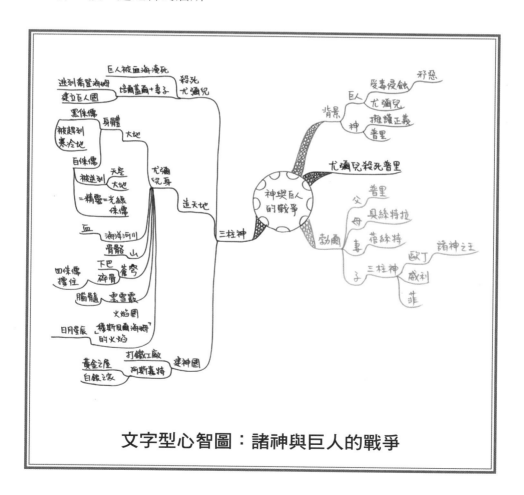

**文字型心智圖：諸神與巨人的戰爭**

整篇內容是講述天地被創造的過程。其中各角色間的關係或許是重要的，也可能只是作者附帶的說明而已。關鍵依然在於掌握每個事件最後的結果。

描述事件過程時，作者加入許多文學上的語句，在繪製心智圖時，我會把這個部分全數忽略掉，只留下關鍵字詞。

## 【3】心智圖閱讀術：圖解化加強記憶

相信有些讀者對於造天地這段內容，腦中自然會產生身體各部分變成天地的畫面，那就把插圖直接放進來吧。

至於三柱神的背景，可以用「系統圖」的方式來呈現。

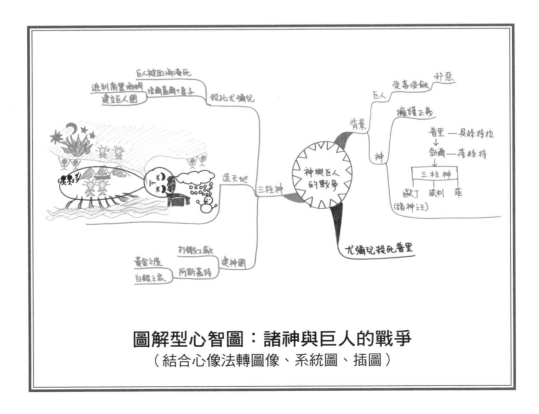

### 圖解型心智圖：諸神與巨人的戰爭
（結合心像法轉圖像、系統圖、插圖）

　　因為各角色之間的關係錯綜複雜，閱讀這類故事性內容，很容易遇到不知道要怎麼分類的問題，這時別忘了回到你的閱讀目的再想一想。

　　這篇文章角色和故事細節眾多，想做類似的練習，你可以用《貓戰士》這本書來練習（參見本書第二章 23 單元，P125 ～ 127，單元中我將用貓戰士書中的雷族角色來說明）。

# 11 敘事性文章
## 我該搬誰的乳酪？

## 【1】閱讀文章

### 「我該搬誰的乳酪」的故事　八

猴子聰聰在「迷宮」裡是一個很有名氣的人物，據說年輕的時候自己紮了一個竹筏飄洋過海，學了好多好多的本領。

第二天，奇奇帶著從錦毛鼠那裡借來的一大堆乳酪，到了猴子聰聰的屋子。在屋子裡，貓咪東東也正在向猴子聰聰繳納乳酪。

猴子聰聰仔細清點了奇奇和東東的乳酪之後，帶他們進了一間小屋。屋裡有很多很多的書，迎面的牆上有一句話──猴子聰聰改變你的命運！

「奇奇和東東，你們好！」猴子聰聰說道，「你們的乳酪都不錯，明天我也要出去旅遊了。因此，我也不想浪費我的時間和你們的時間。以前我對其他人講三天三夜的東西，也不及下面的話重要。」

「我為什麼能夠改變你們的命運呢？」猴子聰聰指著牆上的話說道，「因為你們現在是我的入門弟子，只要是我的入門弟子，就可以進入『迷宮』的主流社會，就有機會動別人的大乳酪。從此你們不再是『迷宮』的普通人，而是『迷宮』的精英！」

「為什麼我的入門弟子就是精英？」猴子聰聰開始進入意氣風發的演講狀態，「這是我要告訴你們的聰聰規則的第一條──精英都是有證書的。」

聰聰從一個櫃子裡拿出一大堆的證書，繼續說道，「這些證書都是我在海外獲得，它們能夠證明我是世界上一流的精英！『迷宮』裡再也沒有比我證書更多的人了，『迷宮』裡所有的大亨都相信我，相信我也就等於是相信你們。」

猴子聰聰又從櫃子裡拿出兩本證書，給奇奇一本，給東東一本，然後說道，「這是你們用乳酪換到最有價值的東西，這就是你們是我入門弟子的證書。有了這個證書，你們已經改變了你們的命運，你們已經是『迷宮』的精英了！你們再也不用去做幫忙清點乳酪的粗活兒了，你們至少可以去幫大亨們看乳酪，如果你們足夠聰明，甚至可以去幫大亨動別人的乳酪，你們得到的乳酪是遠遠超乎想像的。」

「證書要收好，丟了我是不會免費補給你們的喔。」猴子聰聰仔細叮嚀奇奇和東東。

「下面我要講述聰聰規則的第二條──精英必須去做精英應做的事情！」猴子聰聰開始講述第二條規則，「反過來說，就是很多事情必須是精英去做的，儘管有些事

情看起來實在太簡單，簡單得我們都不認為是重要的事情了。」

「難道比清點乳酪更簡單嗎？」奇奇不明白，問道。

「這不是同一種概念。事實上清點乳酪也不是一個簡單的活兒。」猴子聰聰簡單地解釋了一下，繼續往下說，「聰聰規則的第三條——乳酪愈多的地方，愈容易得到乳酪！」

奇奇一下子就明白了第三條規則的意義，「迷宮」的乳酪遠遠多於垃圾場，所以自己才可以天天吃到新鮮的乳酪。

但是東東還無法理解，他對猴子聰聰說道，「所有的乳酪都有人看著呀！愈多的乳酪看的人愈多呀！乳酪愈多的地方，應當更不容易搬動吧。」

「閉嘴！」猴子聰聰不耐煩了，「我的時間很寶貴的，不要耽誤我收拾行李的時間，聰聰規則是絕對正確的，至少在『迷宮』內是正確的。」

猴子聰聰看了奇奇和東東一眼，繼續說道，「證書我已經給你們了；聰聰規則也告訴你們了。這屋子裡有一些書，你們花點時間看看。我剛才的三條規則是最核心的東西，書裡的內容就是解釋我的規則。你們不要浪費太多的時間在這裡，明天你們就去開始你們的新生活吧。記住了，現在你們已經是『迷宮』的精英啦！」

奇奇和東東都沒有想到猴子聰聰這麼快就結束了講話，奇奇以為猴子聰聰會像錦毛鼠一樣給自己講很多很多的道理的，因為自己給了他那麼多的乳酪。而且，除了聰聰規則的第三條自己明白之外，前面兩條他是真的不明白。不過，奇奇認為，如果第三條規則是正確，前面兩條也應當是正確的，只是自己現在不能理解罷了。

東東更是茫然，因為他一條規則都沒有聽懂。為了對得起交給猴子聰聰的乳酪，奇奇和東東只好拚命地看書，試圖彌補一些損失。

奇奇和貓咪東東出了猴子聰聰的屋子，手裡拿著有猴子聰聰簽名的證書，突然變得有些意氣風發，因為他們花了那麼多的乳酪，才換得了這份證書，而且，按照猴子聰聰的說法，他們現在已經是「迷宮」的精英了。

奇奇和東東相互鼓勵，並且約定有機會相互提攜之後，就分手各自回家了。

————《我該搬誰的乳酪？》，P59 ～ 64
何君／著，匡邦文化

## 【2】抓重點：文字化

這個故事本身想傳達某些要點，作者是「用故事包裝道理」，一邊說故事一邊講道理，故事是糖衣，道理是苦藥，抓出這些道理重於記住故事情節。

如果要了解故事帶給我們什麼樣的涵義的話，就要根據內容的轉折變化來思考，「為什麼」作者要這麼鋪陳文章。這個「為什麼」就是作者隱晦不說出的道理。

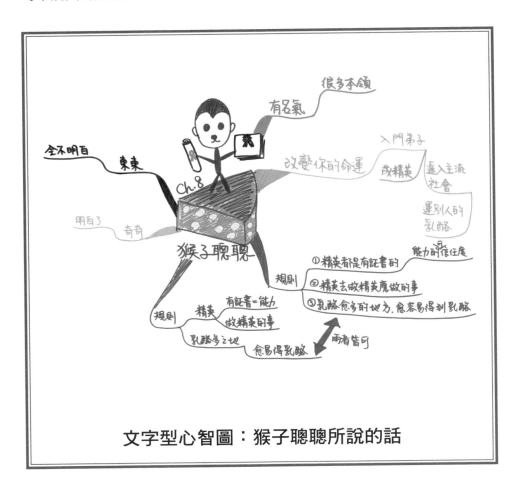

**文字型心智圖：猴子聰聰所說的話**

第一段：說明猴子聰聰的特點。

第二段到第七段：說明為什麼要當聰聰的弟子。

第八段到第十六段：說明精英的特點。

第十七段：說明奇奇能稍微理解聰聰的意思。

第十八段：說明東東不太明白聰聰的意思。

第十九段到第二十段：說明奇奇跟東東結業回家。這裡我沒畫進心智圖中，是因為我認為這只是讓故事流暢所安排的情節。

## 【3】心智圖閱讀術：圖解化加強記憶

若閱讀目的是要理解故事所帶來的道理，那麼應該把故事的部分都拿掉，只留下道理。讀完這一類的故事後，可千萬別只能說出：「這是講一隻猴子當老師講課的故事。」那就糟了。重點不在故事的情節變化，而是在「故事中隱含的道理」。畫心智圖時，甚至把故事情節全部拿掉也可以。

下頁兩張心智圖都只取作者要表達的道理，但兩張的主題並不相同，一個是「如何改變命運」，一個是「如何成為精英」，如何定主題就看你需要什麼樣的重點資訊，只要是你需要的，就那樣畫吧。

很多小說或寓言故事書都有類似「猴子聰聰」這篇文章的性質，小說內容淺白易懂，在故事情節內已經穿插作者要表達的人生道理，閱讀目的第一步是留意情節的變化，第二步是留意作者要闡述什麼道理。畫心智圖可以把文章的情節要點全拿掉，也可以保留一些下來。

這類小說常能刺激、引發一些感想，**既然是個人感想，就看你敢不敢想，感想是不會有標準答案的**。推薦你可以閱讀這幾本書練習看看：《卓爾，謝謝你毀了我的人生》（強納森·布魯斯特／著，橡實文化）、《帶我去月球》（侯文詠／著，皇冠出版）、《黃金人生的入場券》（布蘭登·伯查德／著，平安文化）。

文字型心智圖：
猴子聰聰話中隱含的道理——如何改變命運

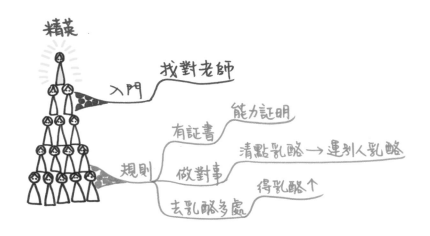

文字型心智圖：
猴子聰聰話中隱含的道理——如何成為精英

# 12 寓言式／隱喻式文章
## 一生必讀的 100 個睿智故事—狐狸和熊

## 【1】閱讀文章

狐狸和熊 施比受更富有。

　　有一天，一個男人在森林裡散步，偶遇一隻受傷的狐狸。這隻可憐的動物被獵人追捕，逃命的時候摔斷了腿。牠現在躺在樹叢裡，飢餓卻無法尋找食物。

　　男人心繫著狐狸，但是當他凝視著狐狸時，樹林中隱約出現一隻灰熊，拖著一隻被牠殺死的動物的屍體。灰熊不理會眼前受傷的狐狸，但是牠飽食之後再次出現，並在狐狸躲藏的附近留下一些吃剩的食物。狐狸狼吞虎嚥地把食物吃光。

　　第二天，男人再次來到森林裡散步。他看到灰熊又留了一些可口的食物給飢餓的狐狸。第三天，這個情況依舊。

　　男人對於眼前所見沉思了一番。「如果上帝對一隻受傷的狐狸都如此關心，」他心想，「那麼祂應該會更加照顧我。我的信念太薄弱了。我應該學習相信上帝，就像這隻狐狸一樣。」

　　於是男人走到森林裡一處安靜的角落，然後祈禱，「親愛的上帝，這隻受傷的狐狸讓我看見牠對您的信任。現在我也把自己完全交付給您照顧。我相信您會照顧我，就像您照顧那隻狐狸一樣。」他一祈禱完畢，就躺在地上等待上帝降臨。

　　一天過了，什麼事也沒發生。男人非常飢餓。第二天結束了，依舊什麼事也沒發生。男人深感困惑。第三天結束後，男人非常氣憤。「上帝，」他大喊，「您愛那隻狐狸勝過於愛我！我如此信任您的時候，您為什麼不照顧我？您為什麼不供給我食物？」

　　最後，飢餓迫使男人回到城裡。男人在街道上遇見一個挨餓的小孩，於是他斥怒上帝。「您為什麼不做點事情！」

　　「我已經做了一些事，」上帝說，「我讓你來到人間。不過，你可以選擇以灰熊為榜樣，可是你卻仿效了狐狸的行為。」

〈改寫自阿拉伯寓言故事〉

─────《一生必讀的 100 個睿智故事》，P160 ~ 161
瑪格麗特・斯爾夫／彙編，晨星出版

## 【2】抓重點：文字化

　　如果一開始看文章就邊看邊下筆畫，容易被文中的文學性用字遣詞與故事布局的小細節給迷惑了。

　　**以文章架構來看，分成男人在森林中做的事情、男人回城後做的事情，以及作者要表達的寓意。**

　　以文章段落的大意來看，第一段講男人見到斷腿的狐狸無法覓食，第二段是男人見到灰熊送食物給狐狸吃，第三段是連續三天都見灰熊送食，第四段是男人感動於上帝會派使者來照顧祂的子民，並開始靜待上帝的照顧。第五段是男人餓了三天，開始罵上帝。第六段是男人見到飢餓的小孩，對上帝更生氣了。第七段是作者安排的寓意。

　　一般作者寫文章時是先定出文章架構，再布局每一個段落的內容。如果我們依照文章段落來畫出七條主脈，就可能落入見樹不見林的盲點中，初學者很容易以為一個段落就是一條主脈。

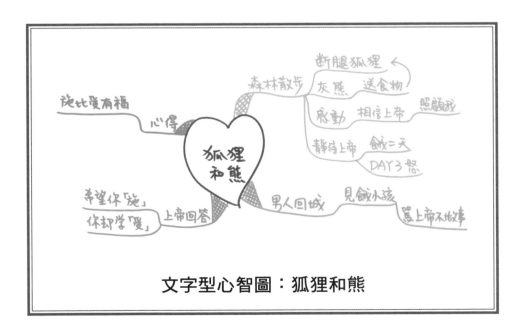

文字型心智圖：狐狸和熊

　　心智圖要展現出思考的層次，應該先把每一個段落大意定好後，再把相同概念的段落合併起來，就能形成文章的架構，也就呈現了作者所表達的思考層次與脈絡。

## 【3】心智圖閱讀術：圖解化加強記憶

| 角色 | 故事內容 | 寓意 |
|------|----------|------|
| 狐狸 | 受人幫助 | 男人只想接受他人幫助 |
| 灰熊 | 幫助他人 | 上帝希望我們幫助別人 |

### 表格式圖解：狐狸和熊的寓意

狐狸無法覓食　　────────　受人幫助

↓

灰熊送餐　　　　────────　幫助他人

↓

男人餓三天　　　────────　想受人幫助

↓

上帝回應：
希望你學習灰熊行為　────────　有能力時就盡力幫他人

### 流程式圖解：故事架構與寓意

　　故事主角做的事有什麼寓意，是閱讀時要留意的關鍵。有些人看故事只拚命記故事的細節，卻忽略最重要的寓意，這是本末倒置的閱讀法。

這篇故事可依照故事發展的線性關係，借用「流程圖」的方式來呈現。寓言故事的寓意是最重要的，圖解型心智圖中心主題訂下：「施比受有福」，然後依照故事主角的心情變化來分，第一條脈是男人讚美上帝，第二條脈是男人怒罵上帝，第三條脈是上帝的回答，主脈依此而定。

　　**故事的演變過程很容易在腦中形成圖像，在心中形成直覺印象，直接把腦中圖象畫下來，就是「心像法」。**每個人的「心像」都不一樣，這裡我們用圖像來取代文字，讓這張心智圖更有趣，也讓版面更為精簡。

　　第一條主脈：男人看到灰熊送食物給斷腿狐狸。第二條主脈：男人怒罵上帝，分別是兩件事情，在森林中整整餓了兩天跟在城中看到飢餓的小孩。第三條主脈：上帝的發言，灰熊的行為是好的，應該要效法才對。

　　很多心靈成長類的寫作方式類似寓言小說，可參考閱讀：《深夜加油站遇見蘇格拉底》（丹‧米爾曼／著，心靈工坊出版）。

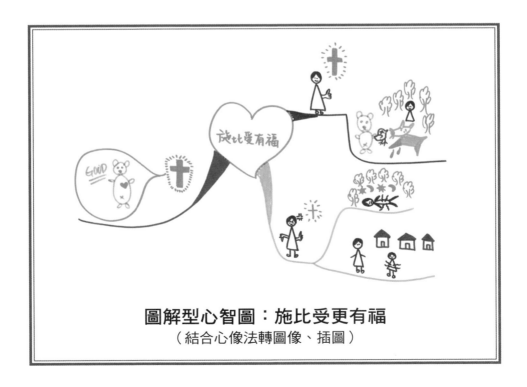

**圖解型心智圖：施比受更有福**
（結合心像法轉圖像、插圖）

# 13 寓言式／隱喻式文章
## 一生必讀的 100 個睿智故事──生命之水

## 【1】閱讀文章

生命之水　　　　　　　　　　　懂得謙遜之人，體悟更深，也可以獲得更多。

　　有三個人在尋找生命之水，希望喝下生命之水後，可以長生不老。

　　第一個人是武士，他猜想生命之水應該非常強大──可能是洪流或湍急──於是他身穿盔甲、手持武器前往尋找，他相信自己可以迫使生命之水向他屈服。

　　第二個人是女巫，她認為生命之水應該非常有魔力──也許是個漩渦或噴泉，她必須施用魔咒──於是她穿上布滿星星圖案的長袍前往尋找，希望可以靠她的機智騙取生命之水。

　　第三個人是商人，他猜想生命之水應該很昂貴──或許是個有珍珠或鑽石散落的噴泉──於是他在衣服和錢包裡塞滿錢，希望可以用來買生命之水。


　　這三個旅人到達目的地時，他們發現自己大錯特錯。

　　生命之水不是洪流，不需靠暴力取得。

　　生命之水不是漩渦，不需對它施用魔法。

　　生命之水也不是有珍珠或鑽石散落的噴泉，不需花錢購買。

　　它只是一池冒著泡泡的小泉水；它完全免費──不過，你必須跪下來才能飲用它。


　　這三個旅人感到萬般困擾，因為：

　　武士穿著盔甲，根本無法彎身。

　　女巫穿著有魔力的長袍，如果弄髒了，它的魔法就會消失。

　　商人身上裝滿了錢，他只要稍微屈身，錢幣就會滾出來掉進角落的縫隙裡。

　　這三個人都穿著盛裝，沒有辦法彎下身軀去飲用生命之水。


　　解決的方法只有一個，那就是：

　　武士脫下盔甲。

　　女巫脫掉有魔法的長袍。

　　商人脫去塞滿錢的衣服。

如此一來，他們每個人——赤裸著身子——都可以跪下來飲用生命之水，享受它冰涼、甜美、令人驚奇的恩賜。

〈凱特・康普斯頓〉

————《一生必讀的 100 個睿智故事》，P116 ～ 118
瑪格麗特・斯爾夫／彙編，晨星出版

## 【2】抓重點：文字化

文章第一段講述生命之水的用途，第二段講述武士的想法與作法，第三段是女巫的想法與作法，第四段是商人的想法與作法，第五段說明生命

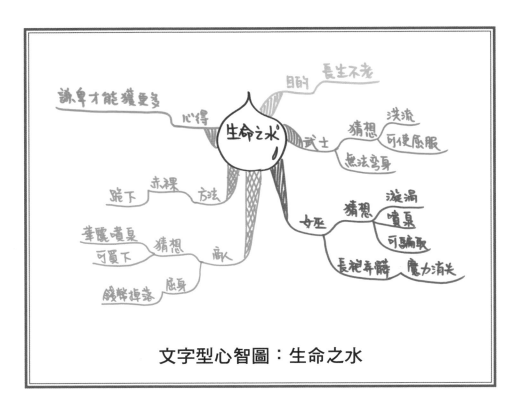

文字型心智圖：生命之水

之水的真貌與飲用法，第六段是此三人想喝水又喝不到水的困擾之因，第七段是此三人要喝到水的解決方法。

文章的敘述方式是「依照時間做線性描述」，若直接就畫成七條主脈的話，那這張心智圖將缺少思考的深度與層次。可以把跟武士相關的訊息合併在同一條主脈內，再搭配時間順序概念，依序列出武士、女巫、商人心中所想的與實際情況。

最後，列出個人心得，文章並沒有直接告訴我們寓意，但為求個人深度思考的效果，寓言故事一定要列出個人心得，因為這個心得就是寓意。

補充一點，每個人看事情的面向不同，可能會得到不同的寓意，這是正常的，畢竟我們都是用自己過去的經驗來看待現在的事情，個人的詮釋與解釋自然會有所不同。


## 【3】心智圖閱讀術：圖解化加強記憶

以故事演變過程來看，這篇文章的結構在描述每一個角色時，都使用類似的句子去說明，一一剖析後，可用表格來呈現武士、女巫、商人的行為類似之處。

**比較下頁下方結合「心像法」的圖解型心智圖跟上方的表格**，你一定會發現**有了圖像讓閱讀變得更有樂趣**。

這一類故事性的文章，很容易運用「心像法轉圖像」的方式，不過，很多人會被畫圖的動作嚇到，以為畫圖能力要很好才行，尤其是隨年紀增加，愈不敢隨手塗鴉，怕畫出來的圖不好看很丟臉，其實各位的美術功力只要跟本書範例一樣有幼稚園的程度就行了，因為這張心智圖是給自己看明白的，不用管別人的想法。

手繪的技術不難，剛開始一定畫得又醜又慢，多畫幾次就會畫得又快又好。畢竟，用手繪製心智圖，才能很輕易地結合心像法的圖像，創造出獨具個人特色的圖解畫面。

|  | 武士 | 女巫 | 商人 |
|---|---|---|---|
| 對水的猜想 | 洪流或湍急 | 漩渦或噴泉 | 珍珠或鑽石裝飾的噴泉 |
| 工具 | 盔甲＋武器 | 魔咒＋魔法長袍 | 錢 |
| 作法 | 用武力使屈服 | 用機智騙取 | 用錢買 |
| 困擾 | 無法彎身喝水 | 不能弄髒長袍 | 彎身時錢會掉落 |
| 解決方法 | 赤裸＋下跪屈身 | | |
| 寓意 | 謙卑能獲得更多 | | |

### 表格式圖解：三個旅人與生命之水

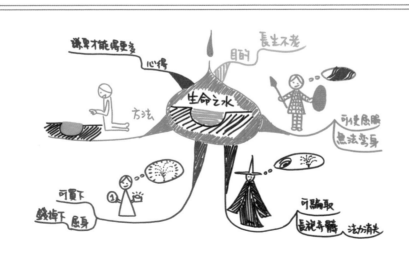

### 圖解型心智圖：生命之水
（結合心像法轉圖像、插圖）

　　閱讀能啟發人生意義的小說，既可以享受故事情節的豐富動人，又可以獲得人生目標的啟發，是我覺得最棒的書籍。故閱讀這類小說，我一定會畫出心智圖，並保留下來。閱讀小說的關鍵是能不能抓到文章關鍵概念與邏輯關係，我推薦這本書：《朱利安與我：發現天命和自我覺醒的七段旅程》（羅賓・夏瑪／著，宇宙花園出版）。

# 報導性文章

## 萊斯：世界上最有權力的女人——職涯

### 【1】閱讀文章

　　一九九二年，萊斯也因他的貢獻被人類和科學學院授予「教學獎」，並被評為「年度女士」。參議員摩根（Becky Morgan）稱讚她說：「萊斯代表了一個女人所能做到的一切：聰明、有才幹、備受尊敬。她是年輕女士的傑出榜樣。」

　　一年後，她被任命為史丹佛大學教務長——財務負責人和學校第二高職位，這又給她帶來一場驚喜。

　　她的職位讓許多教育者都感到不可思議：她剛滿三十八歲。她的前幾任都比她老得多，至少都六十歲。不少批評家挑剔她對這項工作沒有經驗，說她不適合。有些人中傷說，她得到這個職位只是基於皮膚的顏色。毫無疑問，這些貶低都是由於一些人的忌妒和怨恨，她必須經過長時間的考驗才能使那些人明白她的所有成就。

　　萊斯的工作並不簡單，這是肯定的。身為教務長，她不僅要管理學校的十億預算，還要管理一千四百個師生及員工。住宿問題愈來愈多，本科生的教學改革早就該做了，此外，史丹佛大學還有兩百萬的虧空。

　　萊斯果斷地著手處理這些事。在接下來的幾年裡，那些曾否定過她在這個職位上能力的批評家們都不再對她有微詞：她減少預算、裁減人員。在她節儉政策的帶領下，史丹佛大學擺脫了赤字。

　　「她知道她想要什麼。」史丹佛大學國際關係研究學院的副院長凱特（Coit Blacker）說，「她說過，我們將在兩年內消除掉赤字。這包括一些痛苦的決定……在這些痛苦的決定中，意味著必然會激怒到許多人。一個讓萊斯感到害怕而又必須去完成的步驟就是消除赤字。」

　　身為一位鐵面無私提倡節儉的委員，萊斯是如何對待她的工作的？「當人們必須改變生活環境時，我總是覺得不舒服。」她說，「當我調換別人職位時，總是試著讓他們的過渡期變得簡單容易些。但是，有時我也要做一些很難做的決定，而且還必須堅持。」

　　然而有一點萊斯卻沒能做到：那就是盡她所能讓更多女性走上領導者的職位。

　　基於她和白宮的關係，並且又是「布希的朋友」，她很快就以顧問和高層管理人員身分進入了不同的監督機構以及跨國石油公司雪佛龍公司、嘉信理財、惠普公司以及 J.P. 摩根投資銀行。

　　儘管美國政界人士轉進雪佛龍公司石油產業，或者由石油產業轉入內閣的事不足為奇，但至今仍有許多人對萊斯轉入雪佛龍公司石油公司的董事層還是不能理解。在公益的「新生代中心」，她把精力投入到孩子們的身上，並和弱勢者打成一片。身為石油業的經理，她又代表著強者。有人查覺到這裡有矛盾衝突：她從弱勢者的維護者突然變成強者的維護者了嗎？她的動機是什麼？她在跨國石油公司尋求什麼？影響力、權力、石油美元？她覺得大學格局太小了嗎？她對影響力和權力產生了興趣嗎？「權力是一種烈性激素。」季辛吉說。她沉溺在這種毒品嗎？

―――――《萊斯：世界上最有權力的女人》，P160～162
埃里希・沙克／著，晨星出版

## 【2】抓重點：文字化

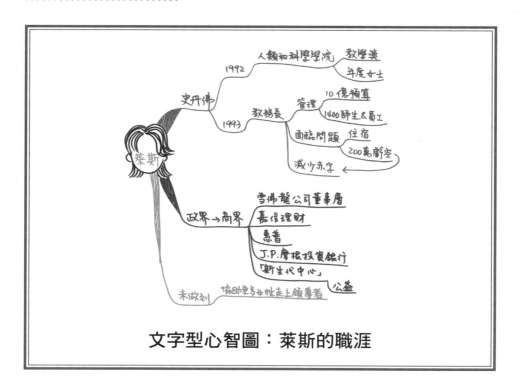

### 文字型心智圖：萊斯的職涯

萊斯在哪個時候做過什麼事情，這些事情之間有關聯性嗎？有延續性嗎？

　　人物介紹、歷史事件、自傳、回憶錄……都屬於故事性文章，一樣先從「人、事、時、地、物、因、果、成本（5W2H）」的角度來選擇關鍵字詞。先依照時間軸，以各事件為分類（主脈），再把各事件的詳細特點一一置入心智圖中。

　　切記，「人、事、時、地、物、因、果、成本」是用來抓取關鍵字詞的方法，千萬不能用來當主脈，否則就會破壞各事件之間的關聯性與結構性。

　　抓關鍵字詞只是閱讀的第一個層次，能用心智圖好好掌握各關鍵字詞間的邏輯關係，才算達成閱讀的第二個層次。

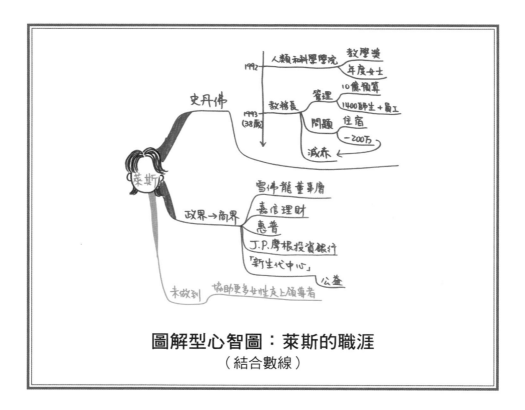

**圖解型心智圖：萊斯的職涯**
（結合數線）

## 【3】心智圖閱讀術：圖解化加強記憶

　　只要是連續的數字，都可以借用數學中「數線」的概念。

　　許多歷史方面的參考書，都會用「時間軸」來表示各事件發生的順序，所以，上頁這張心智圖的第一條脈就以時間軸的方式呈現。

　　心智圖基本上是只要能用**最精簡的方式來表達我腦中的邏輯關係**，愛怎麼畫就可怎麼畫。要進步到「見山不是山」的境界喔。

# 15 報導性文章
## 萊斯：世界上最有權力的女人——奴隸交易

### 【1】閱讀文章

　　奴隸交易並非美國人發明，早在第一位白人踏上非洲的土地前，販賣黑人奴隸在非洲就已經是一種經濟和社會形式。阿拉伯的捕獵者們在撒哈拉大沙漠南部追捕「異教徒」，用黑人交換馬匹。一千四百六十年前左右，葡萄牙航海家已在西非海岸誘拐非洲黑人，並帶回到里斯本賣給婦人當奴隸。一些上流社會的女士甚至把非洲人當成充滿異國情調的情人。

　　隨著非洲的開發，大規模的「黑人大屠殺」開始了。白人征服者、礦井和農場主人對黑奴這種廉價勞動力貪得無厭。黑奴和商品一樣可以促進生意和盈利。擁有愈多的奴隸，那麼就愈有名望，奴隸就是財富的象徵。買一個奴隸只需要普通人工資的三分之一。他們可以被買賣、被典當，甚至可以被用來清償債務。

　　奴隸的膚色和出身完全不重要。最主要的是，人們可以從他們身上榨取很多的勞動力和利潤。

　　最先被奴役的是印第安人。但是土生土長的印第安人並不能勝任農場那種強制性的勞動，並且對歐洲的瘟疫沒有抵抗力，幾十萬的印第安人死去了。

　　因此西班牙傳教士、多明尼加傳教士拉凱薩斯（Bartolome Las Casas）要求禁止販賣印第安奴隸，使印地安人免於根除，這位印第安的傳教士建議「推廣黑人奴隸」，他們被視為是更強壯的種族。據當時西班牙會計員的紀錄，他們買進了比印第安人還多兩倍的黑奴。

　　後來拉凱薩斯對他的建議十分後悔，不幸的是，已為時太晚：身為印第安人的代替品，人們開始追捕「黑色象牙」。幾百萬在這裡出生的人，對獵人來說只不過是「出口的貨物」：在奴隸交易存在的三個世紀中，至少有一千萬非洲人被運送到新世界慘絕人寰的環境中，六百五十萬被送到加勒比海地區和美洲中部，四百萬被送到巴西。

　　比較一下：一四九二年到一八二〇年間，運送奴隸到新世界的非洲人是從歐洲移民新世界人口的五倍。其中有五十萬黑人來自北非。到奴隸制度廢除時，這個數目已經上升到四百萬左右。

　　絕大多數的非洲人在非洲西部沿海地區的格里島（Goree）被裝上運輸船隻。剛開始人們在沿海地區「招募」。當人口愈來愈少後，捕獵奴隸者才開始向非洲內陸推進。

　　這是史上最大規模的人口遷移，其後果就是，非洲的貿易機構和文化遭到了史無前例的破壞，整個地區的人口幾乎滅絕。

　　但是「信仰基督教的」人口販子根本沒有任何憐憫之心。「我們賣的人，從頭到腳都是黑的。他們的鼻子是如此之扁平，我們根本不可能對他們產生一點同情。」歷史書籍這樣引用一個見證人的評論，「因為人們不能想像，智慧的上帝會將高尚的靈魂放進一個完全黑色的身體內……人們不能把這樣的人設想成是人類，否則他們就會有這樣的想法，我們不是基督徒。」

———《萊斯：世界上最有權力的女人》，P28 ～ 30

埃里希・沙克／著，晨星出版

## 【2】抓重點：文字化

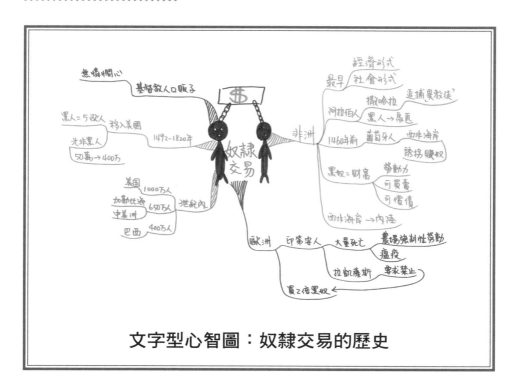

**文字型心智圖：奴隸交易的歷史**

這篇文章算是描述在各個地區進行奴隸交易的歷史故事。

第一步：用「人、事、時、地、物、因、果、成本（5W2H）」抓取關鍵字詞。

第二步：以「地區」來當主脈，每個地區都有長時間的奴隸交易，故再以「時間」為支脈，描述各時間點分別發生了哪些事件。

因為**後面的關鍵字詞是補充說明前面的關鍵字詞**，所以愈靠近中央主題的關鍵字詞是大範圍的，後面的關鍵字詞是細節。

## 【3】心智圖閱讀術：圖解化加強記憶

原文整段內容是在講述黑奴交易的歷史，說明為什麼黑人會成為奴隸、黑奴為什麼會遍布這樣多的地方，整體的原因是因環境造成黑奴的三

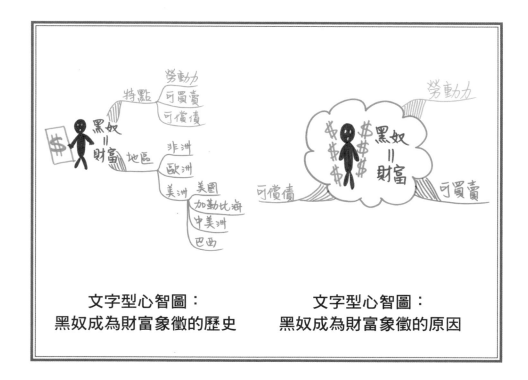

項特點，而這三項特點使得黑奴成為財富的象徵。若閱讀目的不在於記憶黑奴的演變過程（閱讀理解力的第一層次跟第二層次），就可以只取上述這幾點放在「黑奴成為財富象徵的歷史」這張心智圖中就好。

若僅需要掌握最初的原因與最後的結果，那麼只要畫出「黑奴成為財富象徵的原因」這張心智圖就好。**心智圖因個人的閱讀目的與背景知識而有所不同，絕不可能有兩人畫出一模一樣的心智圖。**

一般中小學生與部分大學生的考試多數是考閱讀思考的第一層次跟第二層次。因此，在閱讀這篇文章後，比較可能需要畫出來的，是如「黑奴成為財富象徵的歷史」這樣的心智圖。

一般工作上閱讀企管書籍，都是想理解與借用他人的經驗來縮短自己摸索的時間。所以，必須把閱讀目的放在第三層次與第四層次，才能直達事件的本質。這個時候，很可能只需要畫「黑奴成為財富象徵的原因」這張心智圖，就足以抓住這篇文章的本質了。

# 16 科普類文章

## 你對宇宙了解多少？
### ──行星的種類以及太陽系的構造

### 【1】閱讀文章

**行星的種類以及太陽系的構造**

太陽系由內側到外側，分別有類地型行星（岩石行星）、類木型行星（巨大氣體行星）以及類天王星型行星（巨大冰行星）三種行星。其中水星、金星、地球和火星都屬於「類地行星」，是岩石質地的行星；木星和土星則屬於「類木行星」，其質量大部分的主要成分幾乎都是氣體，而其氣體的主要成分為氫氣和氦氣。雖然天王星和海王星以前也被分在「類木行星」之中，最近則將它們另外分類在「類天王星型行星」的類別當中。這是因為類天王星型行星之中的氣體成分大約只有占其質量的 10% 不到，而且它的質量中的大部分都是冰（以水、甲烷、氨為主要成分的混合物），因此特別將它們另外分成一類以便區別。另外，由於冥王星在 2006 年的時候從行星的行列中剔除，因而被分類到眾多存在於太陽系外圍部分的「海王星外天體」之列。再者，除了海王星外天體以外，太陽系之中也還是有無數的小行星和彗星等等的小天體存在。

行星的軌道有其共同的特徵：它們的軌道通常都是呈現橢圓形，軌道離心率大概都在 0.1 以下；除此之外，它們的軌道面幾乎都是成對的，與太陽系的不變面（從行星的公轉運動中算出來的太陽系的基準面）的斜角大約呈 6° 以下。也就是說，行星的軌道幾乎都存在於同一平面，可以想像成以太陽為中心點的同心圓。然而全部的行星，都面向著同一個方向在軌道上進行公轉。

──────《你對宇宙了解多少？》，P88 ～ 89
福江純、粟野諭美／編著，晨星出版

## 【2】抓重點：文字化

「科普類書籍*」的重點在掌握專有名詞、定義、分類、與眾不同的特徵、共同特徵。以本文來說，行星種類有三種，其定義、相異點、相同點、有哪些成員，都是要留意的。

太陽系的天體，可以分成「行星」與「非行星」。閱讀文章應該事先全部瀏覽完，再開始畫心智圖，千萬別一邊看一邊畫，否則很容易訂錯主題。

若以本篇文章來說，錯誤的心智圖會照著文章順序畫，第一條脈畫「類地型行星（岩石行星）」、第二條脈畫「類木型行星（巨大氣體行

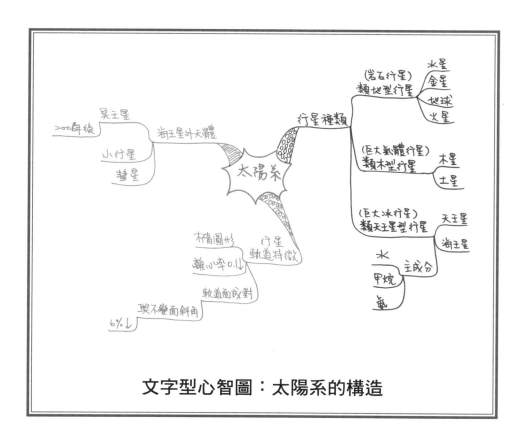

### 文字型心智圖：太陽系的構造

星）」，第三條脈畫「類天王星型行星（巨大冰行星）」，第四條脈畫「太陽系外圍部分的海王星外天體」，第五條脈畫「行星的軌道特徵」，這個畫法會讓人以為「海王星外天體」也算是行星的一類，是錯誤的畫法。

　　正確的畫法是：第一條脈畫「行星種類」（包含類地型、類木型、類天王星型三種行星），第二條脈畫「行星的軌道特徵」，第三條脈，也就是最後面、最不重要的脈，才補充說明「太陽系外圍部分還有海王星外天體存在」，這樣才是正確的心智圖。

### 【3】心智圖閱讀術：圖解化加強記憶

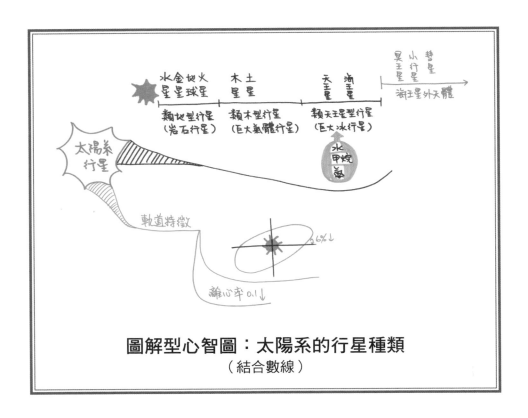

## 圖解型心智圖：太陽系的行星種類
### （結合數線）

　　在圖解型心智圖中，可以依照行星的位置來排列，第一條脈這裡借用**「數線圖」的方式來進行圖解**。主題定為「太陽系行星」，因海王星外天體並不屬於行星，故我將之放在另一條數線上。

　　第二條脈，行星軌道與太陽不變面呈現 6% 以下的夾角，我採用「數學 XY 軸」的概念來呈現這樣的關係。

　　你可能已經發現了，「類地型行星」的命名是以「地球」為主，我們在地球上生活，以地球為一切中心；「類木型行星」與「類天王星型行星」以「第一個位置的木星與天王星」來命名，明白類型名稱的由來，會更好記下這段內容的。

　　有人會想要直接把每一顆行星的樣子畫出來，我還是老話一句，如果你有很多時間可以畫插圖，讓整個心智圖更漂亮更豐富當然很好，但是，心智圖本身就是一種圖形，不是非得畫出插圖才行。

---

＊註：「科普」是科學技術普及的簡稱，又稱「大眾科學」、「普及科學」。

# 17 科普類文章

## 你對宇宙了解多少？
### ——星星的亮度與顏色

### 【1】閱讀文章

**星星的亮度與顏色**

　　大約在西元前 2 世紀的時候，希臘的喜帕恰斯依據肉眼可見星星的不同亮度，由亮至暗將星星劃分為一等星到六等星。英國 19 世紀的普森（Norman Robert Pogson），將最亮的一等星的亮度定義為比第六等星亮一百倍，並且將各等級星星之間的「比例」概念一定化、數學化；也就是說，各等級的星星之間的比例皆為 2.51 倍。普森的這項定義也沿用至今。

　　若我們仔細觀察天上的星星，也會注意到每顆星顏色的差異吧？例如說，在獵戶座左上方的參宿四（Betelgeuse，又名獵戶座 $\alpha$ 星）呈現出來的是橙色，在右下方的參宿七（Rigel，又名獵戶座 $\beta$ 星）呈現的是白色的亮光。這個讓星星呈現不同顏色差異的原因，是由於每顆星體表面溫度不同的緣故。低溫的星體因為會發出紅色或橙色的光芒，因此看起來比較偏紅；而高溫的星體，例如說會發出綠色、藍色、甚至是顯示出相對亮度強度較高的紫色光芒，因此我們看起來會是白色或是藍白色。

　　由於星星的光芒原本就是由很多色彩調合而成，若經由稜鏡折射，就會顯現出美麗如彩虹般的七彩顏色（光譜）。然而，這個光譜又是讓我們可以窺知星體訊息的寶庫，這是因為我們可以從仔細觀測星體顏色的濃淡和特徵，分析出包含各星體的溫度和壓力、構成元素等等的物理情報，以及從視角方向所看到星體的運動方式（徑向速度），以及地球和天體間的各種資訊（星際物質的資訊）等各式各樣的情報。

　　星星的光譜，從它的細部特徵來看可以分類為：

　　O—B—A—F—G—K—M—L—T

　　速度愈快的星體愈是高溫、也愈年輕，也就是這分類中的 O 型和 B 型，它們的表面溫度可以高達好幾萬度。另外，速度慢的星體表示愈低溫，例如說 M 型的星體表面溫度大概就只有 3000 度左右。最近我們才用紅外線觀測找到的 L 型和 T 型的表面溫度，大概是 1000 到 2000 度左右。順帶一提，太陽是屬於 G2 型的，表面溫度是 6000 度，正好是中間溫度的星體。這些星體所放出的光芒，正可說是「天體的指紋」！

————《你對宇宙了解多少？》，P34～35

福江純、粟野諭美／編著，晨星出版

## 【2】抓重點：文字化

看你想不想知道演變的歷史，我對天文史跟天文學都有興趣，所以我會將兩種內容都保留在此篇心智圖內。

如果你對天文史沒有興趣，那就不用理會喜帕恰斯跟普森的內容。第一條脈的內容只要保留一等星到六等星的差異就好。一等星的光芒最亮，於是我用比較多且長的放射線條來表示。

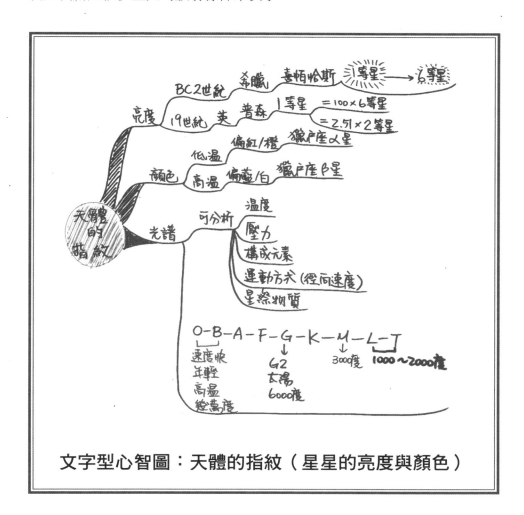

**文字型心智圖：天體的指紋（星星的亮度與顏色）**

第二條脈：主脈上寫的是顏色，獵戶座的兩顆星是舉例，所以放在最後方。雖然文章寫的順序是先寫兩顆星，再寫顏色，但別忘了，後面的關鍵字詞是補充說明前面的，所以要把這兩顆星放在最後。

第三條脈：為星星的光譜，這部分因為光譜是連續不中斷的數據，所以我直接用「數線」的概念來表示，但因為本文並無完整表示每種類別的數據與顏色，故我只在各類別的說明處用不同顏色來表示光譜顏色。

國高中數學提到過「空間的概念」，因為解數學的過程中，必須學習如何用 2D 平面的線條去展現 3D 空間感，其實對建構這一類的圖像能力很有幫助。

### 【3】心智圖閱讀術：圖解化加強記憶

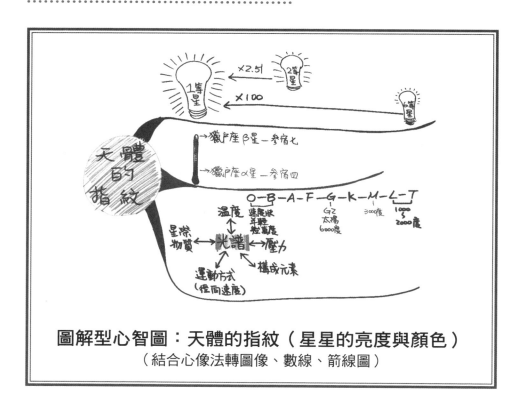

**圖解型心智圖：天體的指紋（星星的亮度與顏色）**
（結合心像法轉圖像、數線、箭線圖）

第一條脈：本來我是想畫一等星＝一百顆六等星，但畫起來太麻煩了，我就用「箭頭」來表示彼此的關聯性。

第二條脈：星星顏色跟星星的溫度有關，所以我用溫度計來表示這種關係。

第三條脈：我用「箭線圖」的方式表達有五種因素會決定光譜顏色。

科普類的內容，很適合用「線性圖」這種方式來表達文章中的資訊。

學習沒有一步登天這回事，心智圖是一項技術，要熟練後才能快速運用且運用自如，若想要鍛鍊自己對科普類文章的繪製技術，建議可以閱讀介紹各地方風俗民情的雜誌，例如：《經典》、《國家地理》等雜誌。

# 18 科普類文章

## 動手做自然：果實 × 種子創作 DIY

### 【1】閱讀文章

**小西氏石櫟**

　　小西氏石櫟屬殼斗科常綠小喬木，幹皮灰褐色，縱向細縫裂。多分布台灣中南部海拔 500 公尺左右的闊葉林內。花為白色，呈穗狀花序，雌雄同株（在同一棵樹上有雌花和雄花，且外觀和構造都不相同）。它們多半靠風力傳播，通常雄花會先開，等雄花和其它植株授粉凋謝後，雌花再開，目的主要是為了避免「自花授粉」，影響後代的品質。人類社會也是一樣的，在中國古代有「同姓不得結婚」的法律規定，以避免近親交配，產生不良的遺傳基因；而植物卻是天生就有這種防治機制，由此看來，植物似乎比人類聰明多了。

　　所謂殼斗科植物，主要的特徵是它們的果實都是由一個「殼」帽和一個「斗」身（堅果）所組成。而殼帽和堅果的外形以及殼帽包覆堅果的大小，就成為殼斗科植物辨識的主要依據。比如，小西氏石櫟的殼帽包覆堅果基部約三分之一處，外形就像戴著一頂帽子的稻草人，鬼櫟的外殼將整個堅果完全包覆住，外表看不到堅果。另一個辨識的重點就是殼帽的外表和形狀，殼帽是由總苞特化而成，每一種殼斗科植物的殼帽外表和紋路都不相同，有的表面呈同心圓紋路，有的表面呈覆瓦狀排列，有的表面有毛，有的表面有刺，而小西氏石櫟的表面像是三角形的鱗片，呈覆瓦狀排列。很多的人認為殼斗科的果實外表都很接近，容易混淆，其實只要仔細觀察，並掌握上述辨識技巧，就不會搞錯了。

**小西氏石櫟轉轉陀螺**

**材料**　小西氏石櫟果實 1 顆。做鐵工用的拉釘 1 支，五金行可購得。各色標籤貼紙，文具行可購得。

**工具**　小型磨刻機。6mm 套筒夾。6mm 木工用鑽頭。熱熔膠槍。銼刀。

**開始DIY**　果實鑽孔→插入拉釘→貼上貼紙

　　1. 使用磨刻機鑽空貫穿果實的中心。

　　2. 在孔內注入熱熔膠。

　　3. 在熱熔膠未乾前插入拉釘。

　　4. 待熱熔膠乾燥之後，用銼刀磨平拉釘的底部。

5.在果實表面貼上不同顏色的貼紙。

6.小西氏石櫟轉轉陀螺完成。

————《動手做自然：果實 × 種子創作 DIY》，P151 ～ 154

鄭一帆／著，晨星出版

## 【2】抓重點：文字化

會閱讀科普類文章的人，必定是想了解該事物或現象的特質或因果關係，所以，抓重點時要將注意力放在「專有名詞」與專有名詞的「定義」上。

**閱讀時要像愛因斯坦一樣**——保有兒童般的好奇心，要把文中所形容的特點都當成是第一次看到一樣圈選起來，除非是你對這方面的知識已經如數家珍了。

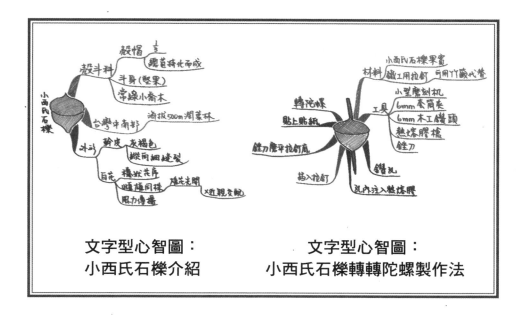

文字型心智圖：
小西氏石櫟介紹

文字型心智圖：
小西氏石櫟轉轉陀螺製作法

有一點千萬要小心，對科普類的專有名詞，多數人因為常看，就以為自己對這項專有名詞很專精。最好測試自己一下，**看看能不能用自己的話語來解釋這個專有名詞**（不是照著書唸），如果不能的話，就表示自己是假懂、一知半解的懂。

原作者寫作目的是要介紹各種植物種子，以及如何運用創意與工藝技術把種子變成生活小物。故讀此書時，可以只讀前半段的種子介紹，或只讀後半段的製作方法。若你只讀後半段的轉轉陀螺製作方法，就要用「**創造型心智圖**」的步驟去畫（創造力＝創意＋可用方法）。創造型心智圖通常是以執行步驟為主脈，再一一填上各項變因或工具。

讀一本書千萬不要死死地讀下去，要根據自己的目的閱讀某些章節就好，不要為了捨不得漏看任何一個字，而浪費時間去讀一堆不是現在需要的內容。**只讀符合現在目的的篇幅，這樣才是有效率的閱讀方法。**

## 【3】心智圖閱讀術：圖解化加強記憶

在此我們一起來看，以「小西氏石櫟介紹」為主題畫成圖解型心智圖的步驟。第一和第二條脈，用文字說明種子的特色。第三和第四條脈則圖解化分布地和外形。

「分布地」：台灣中南部，海拔五百公尺以上的闊葉林。將台灣中南部區域畫上斜線，在旁標示高度五百公尺，一片寬葉子代表闊葉林。

「外形」：白花，穗狀花序，雄花先開，雌雄同株。白花上有三雄蕊二雌蕊，代表雌雄同株，且雄花先開。這裡要不要把穗狀花序依照真實長相來畫，由個人自行決定。能畫出正確長相很好，畫不出正確長相也沒關係，畢竟能看著這樣的圖形，就知道正確的意義，腦中也有正確的花序長相，表示頭腦理解得相當清楚，你要怎麼畫都可以。

至於如何製作成轉轉陀螺的部分，因為書中已經一一講解每個動作，就不需要花費時間去把各種動作畫成圖了。若對畫圖很有興趣的人，想要

把每個動作都畫成圖也是可以的。記得，**心智圖基本上是以使用目的性來決定怎麼製作，只要吻合你的使用目的，你想怎麼做都可以。**

平時喜歡做菜的人，可以試著把食譜、工具書畫成心智圖，以執行步驟為主脈，再一一填上各項變因或工具。可以用這本書來練習：《自行車電燈法則》（須子遙／著，商周出版）。

說到這裡，我對於現在國中小學教科書跟參考書的設計很有意見；這些書上把文字量減少，直接給一堆的圖形、表格讓學生好理解，真是一種本末倒置的作法。這種方法直接剝奪學生自己消化文字與轉換圖解的能力，就如同現代養豬場為了生產有效率而採取直接切碎各種飼料餵食一樣，容易產出消化不良、體質虛弱的小豬，學生因此失去了自己練習圖解化的成長機會。

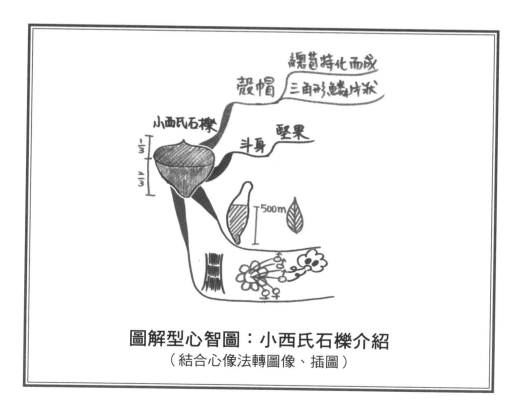

**圖解型心智圖：小西氏石櫟介紹**
（結合心像法轉圖像、插圖）

# 19 法規法條

## 道路交通管理處罰條例

### 【1】閱讀文章

**道路交通管理處罰條例 第 62 條**

　　汽車駕駛人駕駛汽車肇事，無人受傷或死亡而未依規定處置者，處新臺幣一千元以上三千元以下罰鍰；逃逸者，並吊扣其駕駛執照一個月至三個月。

　　前項之汽車尚能行駛，而不儘速將汽車位置標繪移置路邊，致妨礙交通者，處駕駛人新臺幣六百元以上一千八百元以下罰鍰。

　　汽車駕駛人駕駛汽車肇事致人受傷或死亡者，應即採取救護措施及依規定處置，並通知警察機關處理，不得任意移動肇事汽車及現場痕跡證據，違反者處新臺幣三千元以上九千元以下罰鍰。但肇事致人受傷案件當事人均同意時，應將肇事汽車標繪後，移置不妨礙交通之處所。

　　前項駕駛人肇事致人受傷而逃逸者，吊銷其駕駛執照；致人重傷或死亡而逃逸者，吊銷其駕駛執照，並不得再考領。

　　第一項及前項肇事逃逸案件，經通知汽車所有人到場說明，無故不到場說明，或不提供汽車駕駛人相關資料者，吊扣該汽車牌照一個月至三個月。

　　肇事車輛機件及車上痕跡證據尚須檢驗、鑑定或查證者，得予暫時扣留處理，其扣留期間不得超過三個月；未經扣留處理之車輛，其駕駛人或所有人不予或不能即時移置，致妨礙交通者，得逕行移置之。肇事車輛機件損壞，其行駛安全堪虞者，禁止其行駛。

——《道路交通管理處罰條例》

106

## 【2】抓重點：文字化

閱讀法規法條通常是為了考試，「**表格方式**」可**幫助理解**，但對增加記憶效果的助益不大。如果是考選擇題，整理成表格方式是可以的，若是考申論題的話，還是用「**心智圖方式**」比較好記住。

| 無傷亡 | | 有傷亡 | |
|---|---|---|---|
| 處理方式 | 未做到要罰款 | 處理方式 | 未做到要罰款 |
| 未依規定處置 | 1000 元～3000 元 | 救護<br>依規處置<br>通知警察<br>不得任意移動汽車<br>或痕跡證據 | 3000 元～9000 元 |
| 雙方同意標繪＋車輛移置 | | | |
| 逃逸 | 吊扣駕照<br>1～3 個月 | 逃逸 | 吊扣駕照，<br>不得再考 |
| 車能開卻妨礙交通 | 600 元～1800 元<br>警察可逕行移置 | 車能開卻妨礙交通 | 警察可逕行移置 |
| 車輛受損<br>有安全疑慮 | | 禁駛 | |
| 肇事逃逸的處理方法 | | | |
| 吊扣牌照<br>1～3 個月 | 無故不到案 | | |
| 吊扣牌照<br>1～3 個月 | 不提供駕駛人資料 | | |
| 吊扣車輛＜3 個月 | 檢驗、鑑定或查證肇事車輛機件及車上痕跡證據 | | |

**表格式圖解：道交條例　第 62 條——汽車肇事**

這則法條是講述各種情況的處理方式，於是要用「汽車肇事的各種情況」當主脈，比較各情況的相同點或是相異點，羅列出每個情況的處理方式與步驟，這種都是特別愛出的考題。

第一條脈：罰則、逃逸的處罰、妨礙交通的處罰。

第二條脈：傷者的處理方式、肇事者該怎麼做、逃逸的處罰、妨礙交通的處罰。

第三條脈：肇事逃逸者的處罰。

第四條脈：肇事車輛的處理方式。

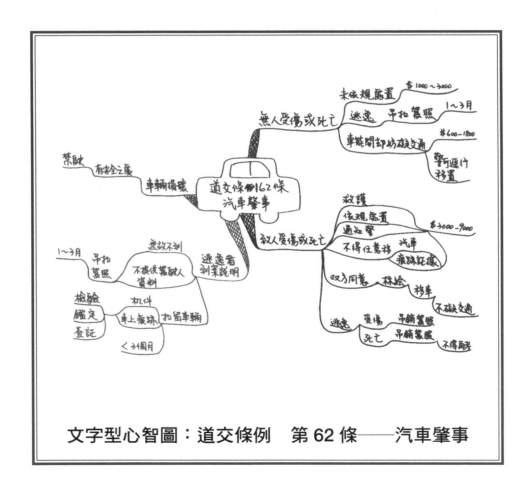

**文字型心智圖：道交條例　第 62 條——汽車肇事**

# 【3】心智圖閱讀術：圖解化加強記憶

　　因為法條的用字較為生硬，儘量換句話說，用白話解釋的方式來理解內容。這是要背誦的題材，轉成圖像會更記得久、記得牢，但前提是只要針對即使是理解後也難以背誦下來的部分，再轉成圖像記憶就好，也就是說，看過文字型心智圖後，就已經背下來的脈絡部分，就不需要再花時間去一一轉成圖像。

　　同樣的關鍵字詞，請統一用相同的圖像表示。因為考試時儘量以原來法條用字遣詞方式作答，**轉圖像時可能會用到很多的「心像法（意義轉圖像）」、「諧音法（用中文的諧音轉成圖像）」、「曼陀羅思考法\*」**。在此列舉下頁這張心智圖轉圖像的方法：

第一條脈：

　　未依規定處置：椅子上有圓規（諧音法），打上叉叉（曼陀羅思考法）。逃逸：一個人奔跑（心像法）。吊扣駕照：方向盤上鎖（心像法、曼陀羅思考法）。車能開卻妨礙交通，警察可逕行移開：一輛車在車陣前，警察拉走這輛車（心像法）。

第二條脈：

　　置人受傷或死亡：一個人吐血死亡（心像法）。救護：救護車（心像法）。通知警察：警察手上的無線電響了（心像法）。不得任意移動汽車或痕跡證據：警察伸出手擋住汽車跟車胎痕跡（心像法、曼陀羅思考法）。雙方同意：兩個人互相比出 OK 手勢（曼陀羅思考法）。標繪、不妨礙交通、移車：在人體旁標示，拖吊車子讓其他車輛通過（心像法、曼陀羅思考法）。吊銷駕照：方向盤上打叉叉（心像法、曼陀羅思考法）。

第三條脈：

　　逃逸者到案說明：一個人跑到麥克風前面（心像法、曼陀羅思考法）。無故不到：虛線的人（曼陀羅思考法）。不提供駕駛人資料：用電腦表示資料庫（曼陀羅思考法）。吊扣駕照一～三個月：方向盤上鎖一～

三個月（心像法、曼陀羅思考法）。扣留車輛：將車輛關在柵欄中（心像法）。機件：雞咬著箭（諧音法）。車上痕跡：在車上畫上橫線，橫線表示「痕跡」（心像法、諧音法）。檢驗：用放大鏡仔細看（心像法）。鑑定：用試管燒杯這兩種工具表示（曼陀羅思考法）。查證：有圖有真相，用相機表示（曼陀羅思考法）。

**第四條脈：**

車輛損害：車子裂開（心像法）。有安全之虞：安全帽打叉，表示不安全（諧音法、曼陀羅思考法）。禁駛：行進中的車輛打叉，表示不能駕駛（心像法、曼陀羅思考法）。

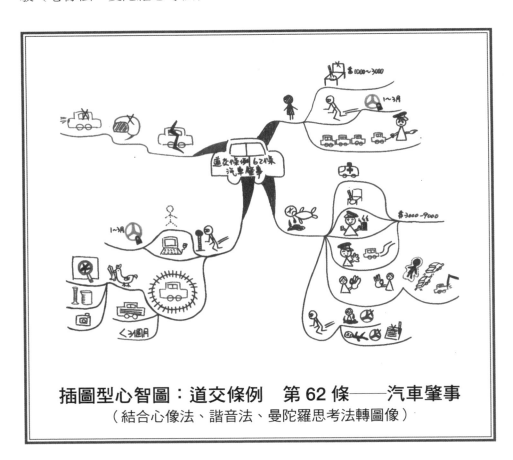

**插圖型心智圖：道交條例　第62條——汽車肇事**
（結合心像法、諧音法、曼陀羅思考法轉圖像）

像這種需要一步步照著標準步驟來做的內容或規定，就需要照步驟順序來畫。你可以試著用這本書來練習：《夢境完全使用手冊》（史蒂芬‧賴博格、霍華德‧瑞格德／著，橡實文化）。

---

＊註：「曼陀羅思考法」中，提到可以運用「眼、耳、鼻、舌、身、意、天、地」這八種角度來思考一件事情。「眼、耳、鼻、舌、身」是指五種感官（視、聽、嗅、味、觸），「意」為意義、涵義，「天」是時間概念，「地」是空間概念。想更進一步了解曼陀羅轉圖像的方法，請參考《曼陀羅思考法》（胡雅茹著，晨星出版）P123～126。

# 20

## 法規法條
### 老人福利法

---

### 【1】閱讀文章

**老人福利法　第一章　第四條**

　　下列事項，由中央主管機關掌理：

　　一、全國性老人福利政策、法規與方案之規劃、釐定及宣導事項。

　　二、對直轄市、縣（市）政府執行老人福利之監督及協調事項。

　　三、中央老人福利經費之分配及補助事項。

　　四、老人福利服務之發展、獎助及評鑑之規劃事項。

　　五、老人福利專業人員訓練之規劃事項。

　　六、國際老人福利業務之聯繫、交流及合作事項。

　　七、老人保護業務之規劃事項。

　　八、老人住宅業務之規劃事項。

　　九、中央或全國性老人福利機構之設立、監督及輔導事項。

　　十、其他全國性老人福利之策劃及督導事項。

————《老人福利法》

---

### 【2】抓重點：文字化

　　這是社工師執照要考的「老人福利法」，第一章第四條整體在講述由中央主管機關辦理的事務有哪些，故將「中央主管機關」列入中央主題。老人福利法這四個字可以省略，因考試不會只考這一條，就算不寫出來，你一定也清楚自己正在整理老人福利法。

　　畫心智圖時，整體而言儘量把「老人福利」這四個字都省略。所有的學習都一樣，務必先理解後再來背，才能夠完整作答。這類型考試的申論

題都需要你儘量依照法條的敘述方式寫下來，這樣你的分數會高一點，說實話，算是非常需要死記硬背的功夫。相反地，若不理解，光靠死背，不僅背誦時間會增長，在考試時一旦遇到要舉實例運用的申論題，也不太容易拿到高分。

面對台灣高普考或是這類證照考試題型，建議儘量依照作答的方式來繪製心智圖，本圖要畫成十條主脈，請務必照原本的詞彙用語，千萬不要用平時口語用字的方式，這樣背誦起來效果較好、分數才會高。

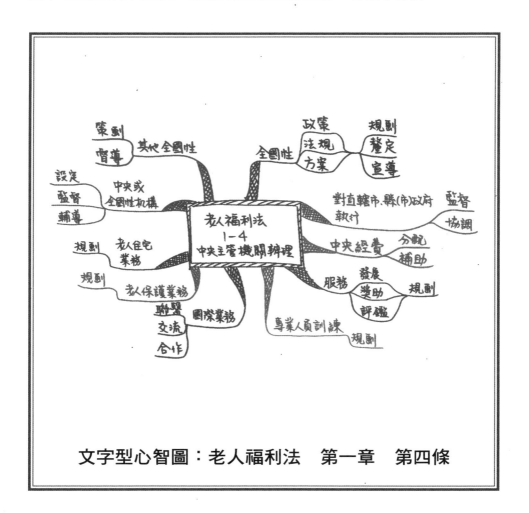

**文字型心智圖：老人福利法　第一章　第四條**

## 【3】心智圖閱讀術：圖解化加強記憶

　　下頁第一張心智圖是「**插圖型心智圖**」，結合「**心像法、諧音法、曼陀羅思考法**」，將十項規定的重點關鍵字都轉成圖像。第二張心智圖是「**圖像記憶型心智圖**」，結合「**圖像記憶術**」，將同一條脈的所有資訊都結合成一個圖像，幫助更快記憶和背誦的目的。

　　我們依序來看各條脈轉成圖像的方法（重複的插圖只解說一次）：

第一條脈：

　　全國性：台灣（曼陀羅思考法）。政策：公文上寫個政（心像法）。法規：頭髮長在圓規上（諧音法）。方案：正方形紙上有個按鈕（諧音法）。規劃：圓規畫出圓（諧音法）。釐定：梨子（諧音法）。宣導：發出聲音的擴音器（心像法）。

第二條脈：

　　對直轄市、縣（市）政府執行：蝦子（諧音法）、線（諧音法）、腳（曼陀羅思考法）。監督：監視器（諧音法）。協調：鞋子（諧音法）。

第三條脈：

　　中央經費：新台幣（曼陀羅思考法）。分配：把球分成兩堆（曼陀羅思考法）。補助：占卜（諧音法）。

第四條脈：

　　服務：衣服（諧音法）。發展：麻將牌的發（諧音法）。獎助：獎章（諧音法）。評鑑：評分表（曼陀羅思考法）。

第五條脈：

　　專業人員訓練：講課（心像法）。

第六條脈：

　　國際業務：地球（曼陀羅思考法）、葉子（業務）。聯繫：電話（曼陀羅思考法）。交流：兩個人一來一往（心像法）。合作：握手（心像法）。

**插圖型心智圖：老人福利法　第一章　第四條**
（結合心像法、諧音法、曼陀羅思考法轉圖像）

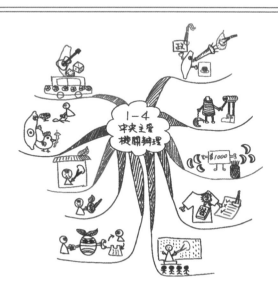

**圖像記憶型心智圖：老人福利法　第一章　第四條**

第七條脈：

老人保護業務：老人（心像法）、盾牌（曼陀羅思考法）、葉子（諧音法）。

第八條脈：

老人住宅業務：老人（老人）、房子（心像法）、葉子（諧音法）。

第九條脈：

中央或全國性機構：球的中央（心像法）、台灣（曼陀羅思考法）、雞（諧音法）。設立：蛇（諧音法）。輔導：扶起跌倒的人（諧音法）。

第十條脈：

其他：吉他（諧音法）。策劃：車子長花（諧音法）。督導：賭骰子（諧音法、曼陀羅思考法）。


有些圖像能力較清晰較強的人，多看圖幾次，就能在腦中回憶整個畫面，若是圖像清晰度不是那麼強，或是在一天之內要背很多類似這樣大量內容的心智圖，就容易產生記憶的混淆，這時就得**搭配「圖像記憶術」來達成記得牢、記得正確的目的**。

這一類的法規或文章必須注意每一個要點的細節，特點與關鍵都要非常注意。

沒有需要閱讀法條的人，可以用這本書來練習：《漫畫讀通柯維成功學——人生因七個習慣而改變》（史蒂芬・柯維／監修，就是創意出版）。畢竟看完書後，是自己要拿內容來運用的，要怎麼調整？要改寫哪些關鍵字詞？一切由自己決定就好。

# 21

整理型應用

## 旅遊規劃：台灣舊鐵道散步地圖

## 【1】閱讀文章

### 目錄

117

**11 老驥伏櫪鐵橋新生命**

A 屏東玄關──下淡水溪橋

B 遠東第一──西螺大橋

C 最老鐵橋──虎尾溪橋

D 糖鐵最長橋──復興橋

────《台灣舊鐵道散步地圖》，P10～13

鄧志忠、古庭維／著，晨星出版

## 【2】抓重點：文字化

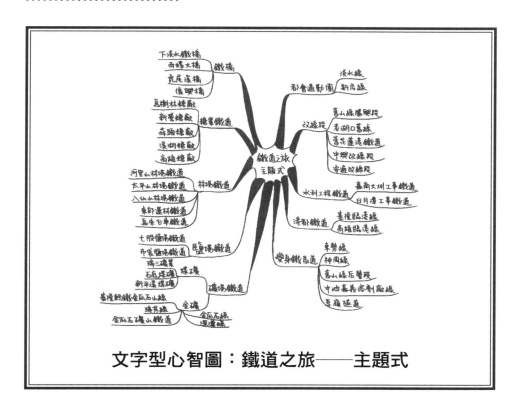

文字型心智圖：鐵道之旅──主題式

有些人把閱讀旅遊書當成是一種打發時間的樂趣活動，有些人是為了去當地玩才會翻閱旅遊書。《台灣舊鐵道散步地圖》一書的寫作有點學術研究的意味，適合深度旅遊的需求者。

若是鐵道迷，想一一理解清楚台灣各地的鐵道歷史與特色，就可以**依照本書的目錄逐章逐節的閱讀**，上頁這張心智圖就是**依此研究目的而整理的「主題式鐵道之旅圖」**。

還是強調一次，若是目錄已經整理得相當完整了，就不需要再花時間製作此張心智圖。只要就內文需要的部分繪製心智圖就好。

## 【3】心智圖閱讀術：圖解化加強記憶

同一個人，如果依據不同的閱讀目的，也會整理成不同主脈結構的心智圖。

若鐵道迷並非想走研究路線，單純只是想發思古之幽情而已，那麼就可蒐集各地點附近的鐵道有哪些，依此概念整理成「地點式」的心智圖。

**當心智圖是要畫給自己看時，閱讀目的不同，所抓的重點就應該不同。**也就是說，即使有兩個人讀同一篇文章，但是兩個人重視的重點不同，心智圖上面所寫的關鍵字詞就會不同。

下頁的「鐵道之旅──地點式」這張心智圖，主脈的排列是依照「各地點的實際地理位置」決定的，更容易清楚看到，如果到台灣各地玩時，可以選擇哪些鐵道景點，**比較吻合實際運用的目的。**

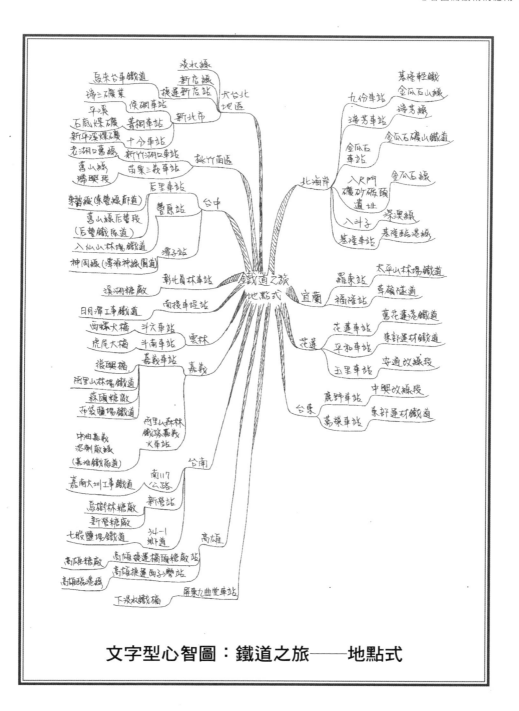

## 文字型心智圖：鐵道之旅——地點式

# 22

# 整理型應用

## 旅遊紀錄

## 【1】閱讀文章

旅行日記：2014 年 4 月 1 日～4 月 5 日「寮國行」

1.拍照紀錄：整理照片檔案，以日期分，每天一個資料夾。

2.每日行程紀錄：

・交通：

　車種 _____

　車資 _____ 元

　車程時間 _____ 時_____ 分

・伙食：

　餐廳名稱 _____

　餐費 _____ 元

・住宿：

　地點／飯店名稱 _____ ／_____

　房費 _____ 元

・景點特色：_____

・注意事項：_____

・新發現：_____

・關心什麼：_____

・感動點：_____

・抱怨點：_____

————胡雅茹老師的個人旅行日記格式

## 【2】心智圖閱讀術

　　自助旅行時拍了一堆的照片，心中有很多旅行時的新發現與感動，帶回來的東西很多，但是都很零散，如果沒有天天把實際行程寫下來，過個半年後，你會發現已經搞不清楚某一天去過哪些地方，自己是怎麼玩的，已經沒有辦法跟朋友分享旅行細節。

　　整理旅遊紀錄時，首先確認你想要整理的目的是什麼？有些人旅行是為了放鬆休息，不需要把旅行當工作來做或是準備，走到哪看到哪，採取漫遊方式，可用數位相機的鏡頭取代眼睛，只要想拍照就拍照。

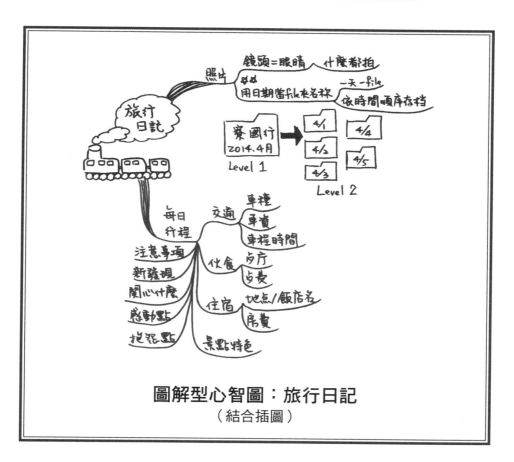

**圖解型心智圖：旅行日記**
（結合插圖）

整理照片時，依照日期在電腦中建立檔案夾名稱，檔名寫上「四月一日」。因為拍照的順序就是行程的順序，只要把當天所有的照片檔都放進去就好，一天一個檔案夾。最後再彙整到一個總檔案夾內，檔名寫上「寮國行二〇一四年四月」。

另外，可以每天在行程表上寫下這些項目，作為日後參考：交通資訊（車種、車資、車程時間）、伙食資訊（餐廳名稱、餐費）、住宿資訊（地點、飯店名、費用）、景點資訊與特色。

如果你是想要像旅遊書作者或是導遊一樣，把旅行當成一種賺錢方法，想要出書寫遊記，或是想要日後帶團時可以參考用，那麼你必須連這些項目都寫下來：各景點的注意事項、這次的新發現、這次你關心什麼、旅途中什麼感動了你、有哪些地方讓你覺得不滿意的。

現在我們來看上頁這張「旅行日記」心智圖，第一條主脈，是照片歸檔方式的說明，可以把電腦檔案夾的畫面呈現方式放進來，可以更容易理解歸檔情況。

第二條主脈，是表現旅程中的文字紀錄應該寫些什麼。看到了嗎？我特意把右側支脈放上最基本的項目（交通、伙食、住宿、景點特色），左側支脈則是針對旅遊書或是導遊才需要寫的項目（注意事項、新發現、關心什麼、感動點、抱怨點）。

# 23

# 整理型應用

## 彙整零散資料：故事中的眾多角色關係

---

### 【1】閱讀文章

各族效忠成員　雷族 thunderclan

族長　藍星：毛呈灰色的母貓，口鼻處附近有銀灰色的毛。

副手　紅尾：小型的玳瑁貓，公貓，有條顯眼的紅色尾巴。
　　　　　　指導的見習生，塵掌

巫醫　斑葉：美麗的玳瑁貓，母貓，有突出的花紋。

戰士（公貓，以及沒有子女的母貓）
　　　獅心：華麗、金色的虎斑貓，公貓，有像獅子鬃毛的厚毛。
　　　　　　指導的見習生，灰掌
　　　虎爪：暗褐色的大型虎斑貓，公貓，前爪特別的長。
　　　　　　指導的見習生，烏掌
　　　白風暴：白色的大型公貓。
　　　　　　　指導的見習生，沙掌
　　　暗紋：烏亮的黑灰色虎斑貓，公貓。
　　　長尾：蒼白的虎斑貓，公貓，有暗黑色的條紋。
　　　追風：動作敏捷的虎斑貓，公貓。
　　　柳皮：淺灰色的母貓，有很特別的藍眼珠。
　　　鼠毛：黑棕色的小母貓。

見習生（六個月大以上的貓，正在接受戰士訓練）
　　　塵掌：黑棕色的虎斑貓，公貓。
　　　灰掌：有灰色長毛的公貓。
　　　烏掌：烏亮的黑色大貓，尾巴尖端是白色。
　　　沙掌：淡薑黃色的母貓。
　　　火掌：英俊的薑黃色公貓。

貓后（正在懷孕或照顧幼貓的母貓）

　　　霜毛：有美麗的白毛、藍色眼珠的貓。

　　　斑臉：漂亮的虎斑貓。

　　　金花：有淡薑黃色的毛。

　　　斑尾：淺白色的虎斑貓，是最年長的貓后。

長老（退休的戰士和退位的貓后）

　　　半尾：黑棕色的大虎斑貓，少了半截尾巴。

　　　小耳：灰色公貓，耳朵很小，是雷族裡最年長的公貓。

　　　斑皮：小型的黑白貓，公貓。

　　　獨眼：淺灰色母貓，是雷族裡最年長的母貓，已經又盲又聾。

　　　花尾：有著可愛花紋的母貓，年輕時很漂亮。

──────《貓戰士 首部曲之Ⅰ 荒野新生》，P99 ～ 102
艾琳・杭特／著，晨星出版

## 【2】心智圖閱讀術

　　《貓戰士》書中已經將「各族效忠成員」整理好分類，為了幫我們弄清楚每一種職位上的貓咪有誰。

　　對於各個戰士與見習生的關係，用「條列分類」方式來表現，並不夠精簡。因為各角色同時具備多種特點，且各角色之間的關係錯綜複雜，這時用心智圖整理會更好。

　　依據我們的閱讀目的來分類，每一種職位都有各自的責任與工作，故用「職位名稱」來當主脈，再延伸出有哪些貓咪。

　　見習生除了個人特色外，每一個見習生分別與戰士之間又有師徒關係，這時就需要額外拉線條來表示。

遇到這種兩個關鍵字之間的關聯性不足以放在同一個脈絡內的，就可以用拉線條的方式來表示。

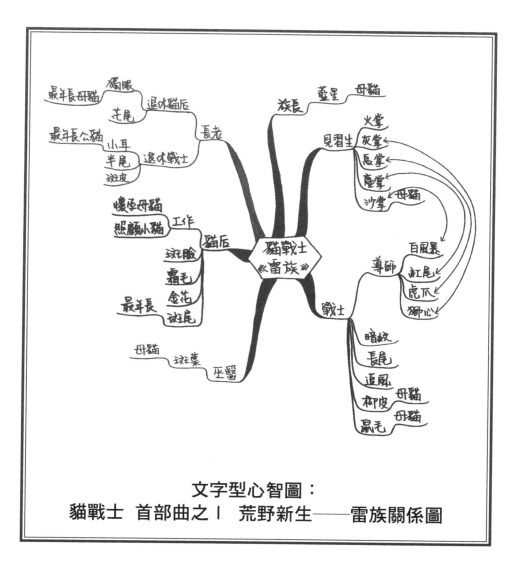

文字型心智圖：
貓戰士　首部曲之１　荒野新生──雷族關係圖

# 24 整理型應用

## 彙整零散資料：英文單字

### 【1】閱讀文章

**sea 放在前頭**

- sea anemone 海葵
- sea bass 黑鱸魚、鱸科海魚
- sea bird 海鳥
- sea cow 海牛
- sea cucumber 海參
- sea duck 海鷗
- sea elephant 海象
- sea eagle 白尾鷲
- sea fan 石帆、海扇、扇珊瑚
- sea gull 海鷗
- sea horse 海馬
- sea lion 海獅
- sea mew 海鷗
- sea otter 海獺
- sea serpent 海蛇
- sea shell 海貝殼
- sea snake 海蛇
- sea slug 海參
- sea turtle 海龜
- sea urchin 海膽
- sea salt 海鹽
- sea air （有利於健康的）海濱空氣
- sea bed 海床
- sea captain 船長
- sea dog 老練的水手
- sea breeze（白天吹向內陸的）海風

- sea foam 海面泡沫
- sea ice 海冰
- sea lane 海上航道
- sea level 海平面
- sea wall 防波堤
- sea born 生於海中的

**sea 放在後頭**

- go to sea 當水手
- at sea 在海上
- on the sea 在海邊
- put to sea 出航
- beyond the seas 在海外
- by sea 走海路
- red sea 紅海
- north sea 北海
- high sea 公海

**sea-**

- sea-born 出生於海中的
- sea-front 臨海地區
- sea-god 海神
- sea-goddess 女海神
- sea-lane 海上航線
- sea-maid 美人魚
- sea-maiden 美人魚
- sea-fish 海魚
- sea-ear 鮑魚
- deep-sea 深海的
- sea-green 海綠色的

———胡雅茹老師的個人單字集筆記本

# 【2】心智圖閱讀術

　　大家一定都有經驗，學生時代背了一堆單字，因為太久沒用就忘了。英文跟中文一樣，是用來溝通的，而不是「背而不用」的，考托福跟多益測驗的單字與生活常用單字一定有所不同，另外，各行各業，如電子產業與零售產業的必背單字也不盡相同。

　　如果你不是要考語文測驗，而是要提升自己在生活中運用英文的能力，可千萬不要去背字典或是市售的單字書，因為你可能背了卻沒機會用，是浪費效率的作法。

　　最好是在自己的生活或是工作中蒐集必用的單字，並整理成單字集。我的作法是透過閱讀工作中英文書面資料或有興趣的英文書籍，見到不會的單字先根據前後文猜猜看。猜不出答案的就去查字典，然後在字典上註明日期，但是我不把這個字背下來，因為說不定這個字只會在我生活中出現這一次而已。遇到第三次查閱字典的單字，表示一定是我個人必備的單字，我就會謄寫到我自己的單字集中，整理時也可以順便把有興趣的單字一起寫下來。

　　我強烈建議你用心智圖的方式來整理這本單字集，因為比較容易增減單字量。曾有學生用心智圖來整理日文單字跟文法，一週後告訴我：「這方法很好用，因為畫完後，我不看內容，就可以回想至少一半以上的單字量，而且記得比以前久。」

　　現在，我們來看從我的單字集裡面摘錄出來的單字，我將「sea 相關」的英文單字整理為三類，第一類是「sea 放在前頭」，第二類是「sea 放在後頭」，第三類是「sea-（sea 組成的複合字）」。

　　畫成心智圖時，先畫出主脈，我將主脈分成這幾類：「生物」、「形容詞」、「名詞」、「語詞」，然後在每個主脈裡面畫出支脈，將英文單字和中文意思寫進去。主脈的分類照你自己的需求來分就可以了，你也可以這樣分：「人物」（如：sea captain 船長）、「動物」（如：sea cow

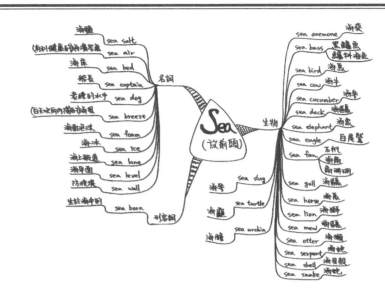

文字型心智圖：sea 放在前頭的英文單字

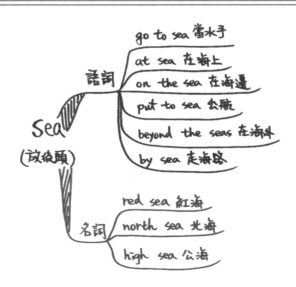

文字型心智圖：sea 放在後頭的英文單字

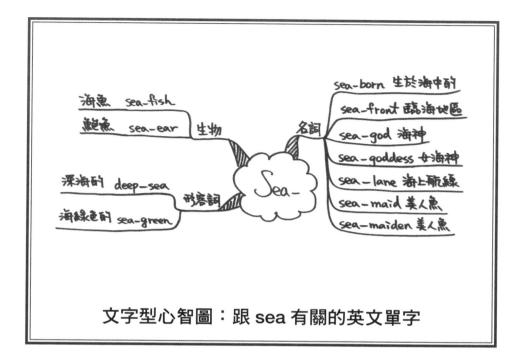

**文字型心智圖：跟 sea 有關的英文單字**

海牛）、「物體」（如：sea wall 防波堤）。

　　整理的分類方法只要根據你自己的需求訂定就可以了，不要為了整理而整理，反而過度細分，那就失去為自己整理資料及繪製心智圖的原意了。

　　數學公式、物理公式、中文成語，都可以用同樣的概念來畫心智圖。你可以這樣練習看看：「把具有顏色概念（紅、藍、黃……）的中文成語蒐集起來，畫成一張心智圖。」

131

## 整理型應用
### 拜訪客戶的會議紀錄

### 【1】閱讀文章

川上弘課長

工作辛苦了，我是椋木修三。

出差的報告如下所示，
麻煩您幫忙做確認。

1）出差日期　　六月三十日
2）出差地點　　AB 股份有限公司　C 工廠
　　　　　　　　（地址：栃木縣山田市 1-1）
3）面談對象　　技術本部　山田一郎課長
　　　　　　　　同上　　　大川花子社員
4）出差目的
・　介紹新產品 X 以及聽取交貨後問題。
・　商討交貨中的產品 W 下一期的購買數量。
5）出差結果
・　新產品 X
　　優點………　比起產品 W 擁有更快的速度，與其他公司的產品相較之下耗費的電
　　　　　　　　力也較低。
　　缺點………　單價太高。
　　　　　　　　比起產品 W 高出了 50%，因此不可能採購之。
　　結論………　產品的評價很高，有信心獲得採用。
　　　　　　　　希望能夠將價格壓到比產品 W 高 20% 以下為佳。
・　產品 W
　　　　　　　　預測 C 工廠的產品於下次需求量會大幅增加。
　　　　　　　　因此推測產品 W 的訂購量會增加。
　　結論………　○部門與△部門設計的製造圖需要儘快修改。

6）附加資料　C 工廠的內部資料於本郵件附加的 PDF 檔裡，請查收。
（公司內部機密，請勿公開。）

————《超省時！1 秒同時記憶術》，P60 ～ 61
椋木修三／著，晨星出版

## 【2】心智圖閱讀術

有次跟某個年約六十多歲的老闆餐敘，突然他有點怒氣地告訴我說：「現在的大學老師到底怎麼教大學生的啊？去拜訪客戶一小時回來，要他轉述跟客戶討論的內容，居然只告訴我一句話『客戶說還要再考慮』。就沒了。」

拜訪客戶或公司舉行會議時，最好養成一個習慣，每次跟客戶談話，至少簡述記錄客戶的反應跟客戶的期望，並用心智圖方式來做客戶拜訪紀錄。這樣不僅記錄起來簡單省時，同時也更容易回憶與客戶溝通的過程。

**職場上的對答記錄方式，分為兩種：「依照時間順序描述」和「先講結論後講原因」**，對主管或老闆的回答方式最好是用「先講結論後講原因」，但千萬不可以簡化到只講結論。

還有必須、必須、必須、必須小心一件事情，說話不能跳太快。如果主管問你：「你剛剛說的那個是什麼意思。」極大可能是你說話脈絡跳太快了，主管聽得懂你的內容，但不能認同你下的結論。

### 記錄的心態

心態一：不要預設立場，將客戶的說法忠實記錄下來。儘量不加入個人評價，也別自行判斷哪些重要或不重要。第一次拜訪客戶，雙方彼此都不太認識，儘量避免建立刻板印象，免得誤判客戶的心思。

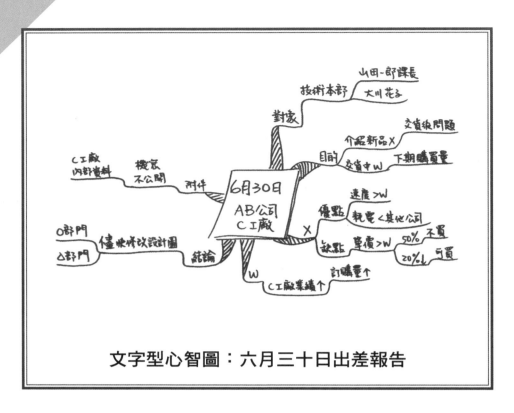

**文字型心智圖：六月三十日出差報告**

心態二：即使來不及分類、或是濃縮成關鍵字詞時，就趕緊抄下整句話也沒有關係。

心態三：剛開始用這個方法時，別太要求心智圖的簡單整齊度。


記錄的步驟

第一步：聆聽時，試著把關於「專有名詞」、「專有名詞的定義」、「人事時地物」、「原因與結果」這些方面的關鍵字詞記錄下來。

第二步：同步試著用線條把關鍵字詞彼此的邏輯關係表現出來。

第三步：試著快速在腦中歸納整理，把相同概念的關鍵字詞整理在一條脈上。一條脈，就是一個段落。

第四步：拿著這張心智圖，氣定神閒地將內容化為句子，向主管報告。

　　這裡我要強調一件事情，最完美的心智圖是只放關鍵字詞，而不放句子。如果來不及一邊聽一邊濃縮關鍵字的話，那趕快先把整句話抄下來，免得你漏聽了後面的內容。

　　了解與客戶開會的記錄重點後，來看本篇閱讀文章「六月三十日出差到 AB 股份有限公司 C 工廠的會議紀錄」，文字上照著「時間順序」記錄了「對象」、「目的」、「出差結果」、「附件」，因為出差結果最為重要，畫成心智圖時，就將「新產品 X」、「產品 W」，及「結論」獨立各成一條脈，這樣透過心智圖記錄會談內容時，就能更清楚出差面談時的重點為何。

# 26 創造型應用
## 工作定位加強效率

**業務員的價值**

| | |
|---|---|
| 家人與有榮焉 | 管理客戶資料 |
| 培養品牌忠誠度 | 提高獲利空間 |
| 提供專業知識 | 證明自己獨立自主 |
| 家人過好日子 | 走出舒適圈 |
| 提供產業趨勢 | 擴大交友圈 |
| 提供解決方案 | 減少交易成本 |
| 提供標準化商品 | 縮短交易流程 |
| 突破恐懼點 | 提供服務 |
| 提供洞見 | 提供產品外的價值 |
| 提供分析 | 建立良好互動經驗 |
| 提供產品價值 | 提供客戶信任感 |
| 創造客戶的利益 | 提供客戶安心感 |
| 提供客戶形象 | 提供獲利機會 |
| 提升客戶價值 | |

————某公司業務同仁集思廣義，
共同列出對他們來說「業務員價值」所包含的內容

## 【2】心智圖閱讀術

　　某家顧問公司的訓練經理向我反應，業務員是一份不限學歷，只要肯努力就能賺到大錢的工作，但該公司的年輕業務員很多都不知道自己該做什麼，問我有什麼方法可以啟發他們，或是可以給他們什麼建議，讓這群人可以主動積極點、做事更有效率點。

　　初步聽來，該訓練經理的問題其實分為兩個層面：業務員工作心態需要被調整、業務員需要可以提升工作效率的思考工具。

　　我跟這家公司接觸不深，對方也不太敢讓我知道他們內部到底出了什麼問題，在不涉及對方想要隱藏某些問題的前提下，我安排了業務同仁們集思廣義，共同製作了主題為「業務員價值」的心智圖。

第一步：先求量不求質，有任何想法都寫下來，這時千萬不要分類，免得
　　　　思考被侷限在某個範圍中，進行發散性思考（水平思考）。（參
　　　　見附圖：業務員的價值──第一層次）

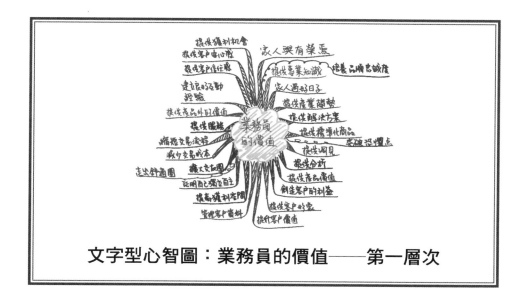

**文字型心智圖：業務員的價值──第一層次**

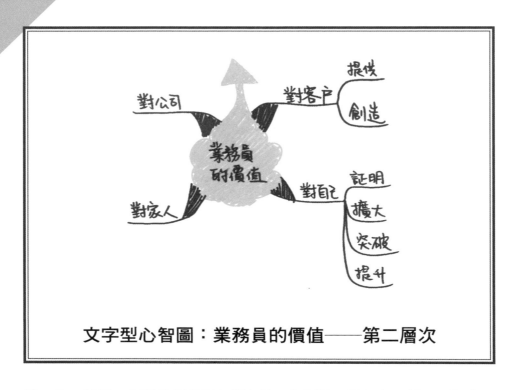

**文字型心智圖：業務員的價值——第二層次**

第二步：請同一個業務組的同仁與主管一起討論，該如何分類。這個步驟
　　　　可以讓主管與下屬彼此了解對方的想法，開始做收斂性思考（垂
　　　　直思考）。（參見附圖：業務員的價值——第二層次）

第三步：要求各組根據剛剛的分類，將第一層次的內容全部填入，同時可
　　　　以增減與調整內容，再次進行發散性思考（增加）跟收斂性思考
　　　　（減少）。因為對方公司不願意透露各個業務主管遇到的真實
　　　　問題是什麼，於是我將這個部分的問題解決交由各個主管自己去
　　　　做。（參見附圖：業務員的價值——第三層次）

　　　透過舉一反三、反八、反十的方式，不斷進行思考的發散與收斂，以
求提升理解的深度。這部分跟自身生活經驗、反思能力、語言能力有關，
透過討論的方式，讓各種不同背景的人一起藉由不斷發散、收斂的方式，
可以快速從他人身上吸取自身不足之處。

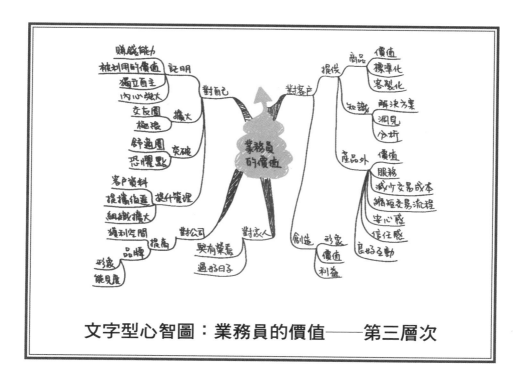

**文字型心智圖：業務員的價值──第三層次**

　　透過以上步驟，主管可以快速凝聚同仁們的想法並取得共識。業務員也更容易明白自己的工作價值，面對挫折將更容易恢復精神。

# 結語

常有人說：「只要我有興趣，我就一定能閱讀出樂趣與好效果。」這是不變的道理，也是一句廢話。

很多人習慣只偏食有興趣的書、流行、內容輕鬆的書，或是讀到艱深文句時，覺得太難理解就放棄不讀了，甚至有人會反過來批評作者邏輯不好或是文筆不好，造成自己吸收知識有障礙。

另外，現在人也喜歡在網路上搜尋與閱讀資訊，很容易被那種「我手寫我口」的文筆給養壞了胃口，曾有成人朋友告訴我，他現在買書都只想挑文句簡單、或是「圖很多，字很少」的書。這實在很可惜，閱讀對自己來說「輕鬆、有趣、簡單」的書籍，只會讓閱讀理解力愈來愈差。

希望自己的大腦能活到老、用到老，應該要自己具備閱讀理解力，把沒有興趣的書變成能從中讀出樂趣的書才是，更要能把各種資訊都能整理吸收才行。

熟悉嗎？「閱讀理解力」不就是本書的重點之一嗎？

讀過本書之後，希望大家都能逐漸進步，第一階段：「閱讀時能非常專注，能抓得到重點、整理得出關鍵字間的邏輯」。若能如此，閱讀理解力基本已經沒有問題了。

第二階段：「將心智圖運用在閱讀上，將閱讀吸收的資訊內容畫成心智圖，幫助自己增強邏輯思考力、記憶力、和腦力」。

本書教給大家的「心智圖閱讀術」，是幫助閱讀的思考技術，能訓練並提升邏輯思考力、記憶力和腦力，但最重要的：「閱讀的終極目的，是能自由運用在自己身上，對自己的需求有所助益」。

希望本書能夠對大家有所幫助，記得養成持續閱讀、吸收資訊的習慣，更要經常練習畫、多繪製屬於自己的心智圖，這樣才能獲得多元的知識和智慧，也才能持續增強記憶力和腦力喔，祝福大家！

# 心得紀錄

國家圖書館出版品預行編目資料

心智圖閱讀術／胡雅茹著. －－ 初版. －－ 臺中
市：晨星，2014.06
面；　公分.－－（Guide book；346）

ISBN 978-986-177-852-5（平裝）

1.思考　2.健腦法　3.學習方法

176.4　　　　　　　　　　　　　103005456

Guide Book 346
## 心智圖閱讀術

| | |
|---|---|
| 作者 | 胡 雅 茹 |
| 編輯 | 邱 惠 儀 |
| 美術設計 | 邱 惠 儀 |
| 分色 | 陳 美 芳 |
| 封面設計 | 萬 勝 安 |
| 排版 | 黃 寶 慧 |

| | |
|---|---|
| 創辦人 | 陳銘民 |
| 發行所 | 晨星出版有限公司 |
| | 台中市407工業區30路1號 |
| | TEL：(04)23595820　　FAX：(04)23550581 |
| | E-mail：service@morningstar.com.tw |
| | http：//www.morningstar.com.tw |
| | 行政院新聞局局版台業字第2500號 |
| 法律顧問 | 甘龍強律師 |
| 初版 | 西元2014年6月1日 |
| 再版 | 西元2015年2月1日（二刷） |
| 郵政劃撥 | 22326758（晨星出版有限公司） |
| 讀者服務專線 | (04)23595819＃230 |

| | |
|---|---|
| 印刷 | 上好印刷股份有限公司 |

### 定價250元
（缺頁或破損，請寄回更換）
ISBN 978-986-177-852-5

Published by Morning Star Publishing Inc.

Printed in Taiwan
All Rights Reserved
版權所有 · 翻印必究

## 更方便的購書方式：

(1) 網　　　站：http://www.morningstar.com.tw
(2) 郵政劃撥　帳號：22326758
　　　　　　　戶名：晨星出版有限公司
　　　　　　　請於通信欄中註明欲購買之書名及數量
(3) 電話訂購：如為大量團購可直接撥客服專線洽詢

◎ 如需詳細書目可上網查詢或來電索取。
◎ 客服專線：04-23595819#230　傳真：04-23597123
◎ 客戶信箱：service@morningstar.com.tw